思考を手放し
五感を開くレッスン

私はいまから、玉子を焼きます

エネルギーワーカー
安元敦子

みらい PUBLISHING

はじめに

この暮らし、身に覚えはありませんか

「やりたいこと、やるべきことがたくさんあり過ぎて、時間が足りないのよ」

最近、こんなふうにつぶやいたことはありませんか。

ひと昔前に比べれば、日本人の生活環境は質も効率もめざましくアップしました。通信インフラは整い、機能のよい家電などは次々と増えて、便利さは増しています。

だから、人はもっとのんびりできるはずでは？

と、思いきや、

「やるべきことがあり過ぎて、時間が足りない」

こんな声をあちこちからよく聞きます。

のんびりするどころか、みんな何やらバタバタしているように、私には（自分も含め）感じられるのです。

ほとんどの方が、現在何らかの立場に立っていると思います。
会社員や公務員など組織の一員として、
自ら事業を経営する者として、
家庭の主婦として。
そのうえで家族と共に暮らし、子育てをする親の役割、年配のご家族のサポートをする役割を担っている方もいます。
日々、やらなきゃいけないこと、やりたいことをこなしながら、本当に頑張っていらっしゃることとお察しします。

自作自演のパワハラコント

けれど、常に先の予定が気になる、今やっていることに集中できない、なぜかはわからないけれど気が焦る、このような状態では、かなりのストレスが生じます。


今、おいしい朝食の玉子を焼いているのに、

「ほら、そんなに手間をかけていると時間がなくなるぞ、さっさと洗濯物干さないと！」

ともうひとりの自分がおしりを叩く。

今、たくさんのメールをチェックしているのに、

「あのタスクはどうした？　急がなくていいの？」

とたたみかけてくる。


のんびりゆっくりやっている自分を、もうひとりの自分が許さない。

これではまるで**パワハラ**です。ひとりでパワハラのコントかドラマを演じているようですよね。

現代人はこれがあたりまえ？

いいえ、これは**おかしな状態**なのだと気づいてください。

本来、あなたはもっと安心して、ゆっくり暮らしていいはずなのです。

では、いったいあなたに何が起こっているのでしょうか。

人間の脳には1日に6万から7万もの言葉が浮かぶそうです。外からのひとつの刺激が生んだ考えは次の考えを呼び、延々とそれらがオートマティックに連なっていきます。

すると、人はいつのまにか**「常に頭のなかにいる」**状態になるのです。

朝目が覚めた瞬間にはベッドかふとんの上にしっかりいます。かけ布団や枕の柔らかさも温かさも、身体が〝ここ〟を感じています。

ところが、すぐに頭が動きだし、今日初めての考えが浮かんできます。

まずは「いま何時？」「〇〇しなきゃ」といったところでしょうか。

スマホを目覚ましアラームにしている人も多いですね。するとが起きるやいなやネットニュースか、夜中のうちにはいったLINEのメッセージなどが目に飛び込んでくるかもしれません。あなたはベッドの上の心地よさをすぐに忘れて、頭のなかへと移動します。

そこからは次々とやってくる考えの波を乗りこなす1日が始まるのです。

このような慢性的なパワハラコント状態から解放されて、心穏やかな本来の自分に戻る。そのうえでやりたいことを気持ちよくこなし、成果もついてくる毎日、そんな暮らしができる方法があるとしたら。

試してみたいと思いませんか?

今、うなずいてくださったあなた、安心してください。本書で誰でもそうなれる方法をお伝えします。

解決のヒントは考えないこと

かくいう私、慢性パワハラ状態のなかから抜けだせずにいた時期がありました。

ＩＴ業界で激務に追われながら2人の子どもの子育てをこなしていた30代。不安感と焦燥感に追われる日々。あの頃の私は、頭の考えばかりが先走り、身体が追いついていない状態でした。それでも自分に負荷をかけ続けた結果、ついにストレス過多で不安神経症を発症してしまったのです。

これを機に、人の心のしくみに興味を惹かれ、心理学、占星術、神秘学、エネルギーヒーリングなどを20年以上にわたり研鑽。

現在では当時の自分のような悩みを抱える方への個人セッションや講座を通じて、日々の幸せな在り方を伝えています。

心穏やかに、サクサクと事を済ませて、気持ちよく暮らす毎日へと変化させるために必要なことは、

「考えてばかりの状態から抜けだす」ことです。

しかし、それっていったいどういう状態？　どうやったらそうなるの？　考えなかったら何も進まないのでは？　バカにならない？　などとたくさん疑問

が湧くでしょう。

今は、その真意がわからなくても大丈夫です！　先を読んでいただければちゃんと腑に落ちるよう、詳しくていねいに書きました。

考えすぎて疲れた自分を解放し、今よりずっと生きやすくなります。

焦りと不安だらけで、毎日を息浅く生きてきた私自身が体験し、実証してきたことですから自信をもってお約束します。

※この本の使い方

ぜひ、次の順番で読んでみてください。

①ノートやスマホなどに、こうなるといいな、という理想の自分を書き出しましょう。自分がどんな状態を望んでいるのか輪郭がはっきりします。

②第1章から3章までのワークをそのまま実践する。理由や意味はあとからついてくるので無心で臨んでください。あれこれ考えると、あっという間に頭のなかの自分が邪魔をしてきます。

③最後に第4章以降の解説を読んでみてください。理由や背景を先に知ると、それを求めて感じようとしたり、考えながら、感じようとしたりしてしまいますから、ベストな状態で読みすすめるためにも、ぜひお願いします。

準備はいいですか？

では、**考えてばかりの状態から抜けだす**レッスンにはいっていきましょう。

安元敦子

目次

第2章　感覚を磨くレッスン2　思考とうまくつきあう

第3章　感覚を磨くレッスン3　感情とうまくつきあう

第4章　感覚を磨くレッスン4　「いまここ」の感覚にはいる

第5章　感覚と共に生きてゆく

第6章　考えるな、感じて動け
～感覚はあなたを幸せの流れに乗せる

おわりに　175

序章

感覚で動くとすべてがうまく運ぶ

アスリートはなぜ頬をたたくのか

さて、質問です。
あなたは普段の暮らしのなかで、このような状態に覚えはありませんか。

チェック1
・朝食の支度をしながらも「ああ、早く洗濯物を干さなきゃ」と思っている
・子どもを見送りながら自分がでかける時間ばかりを気にしている
・ひとつの家事の途中で次の家事をやってしまい、すべてが中途半端に終わる
・どうしてこんなところにこんなものが？　という置き忘れが多い

朝から疲弊する感じはありませんか。

チェック2

・メールのチェックをしながらも他のTODOが気になって焦ってしまう
・やるべきタスクが多く、整理ができていないと感じる
・会議の間中、プライベートな悩みで胸がモヤモヤして身がはいらない
・商談中でもランチのことが頭をよぎる

多くのやるべきことのなかにいてどれほどの集中力をだせていますか。

チェック3

・早くこれを終わらせたいといつも思っている
・今やっていることより、常に次のことが気になっている
・部屋がなかなか片付かない、どこに置いたのか忘れて物を失くすことがしばしばある
・何も終わらせていないのに、1日があっという間に過ぎる

充実した完了感にはほど遠いという感覚ではありませんか。

どの項目も決してすっきり気持ちのいい状態とはいえません。

次に、想像してみましょう。

あなたは世界の舞台に立つアスリートです。

まもなくメダルをかけた大事な試合が始まります。

いざ集中しないといけないときに、緊張と共に頭のなかにいろんな雑念がでてこようとします。


絶対に負けないぞ。

ミスは許されない、たくさん練習してきたんだから。

油断をすると心配や不安につながるようなあれこれが浮かびそうです。


さてどうしますか？


たとえばフィギュアスケートの大会で、リンクに出ていく前の選手が、頬を両手で軽くたたいたり、ジャンプをしたりする姿を見たことはありませんか？

もしくは野球でもバッターボックスに立った選手が、きまって同じ身体の動きを繰り返すなど。

彼らは、頭のなかに浮かぼうとする雑念を振り払っています。

頭のなかの思考から離れて、これから動かす**身体の感覚**をしっかりつかもうとしているのです。

実は、先に述べた「考えてばかりの状態から抜けだす」ためのいちばんの方法は、**身体の感覚をつかむ……つまり感じること**なのです。

不安や焦りは「いま」にはいない

身体の感覚をつかむと、「いま」に集中できます。

「いま」を感じていれば、不安や焦りからは解放されます。

いまどうにもできないことについて考えているから不安になったり焦ったりするのです。頭は「いま」ではなく過去や未来に飛んでいるわけです。

では、過去や未来のことではなく、ただ「いま」を考えてみてください。

――いま、本を読んでいる―― 以上マルですよね。

考えともいえない事実を述べた言葉があるのみです。

いまこの瞬間に、雑念なんて、不安なんて、考えることはできないのです。

「いま」にあるのは考えではなく、身体の感覚。逆にいうと身体は過去や未来には決していけない、「いま」にしかいられません。

アスリートたちは、不安を払拭して100%の力をだすために**「考えないで身体を感じ、意識をいまに戻している」**のです。

試しに、ちょっとだけ本を横において、

胸に手をあてて、

手のひらが当たっている感覚を感じてみてください。

なんだか、ほっとしませんか？
この瞬間、あなたは「いま」にいます。

それ、いま考えなくても いいのではないですか？

身体の感覚を感じて「いま」にいれば、とても気持ちが安定します。

先の3つのチェックリストの項目で、あなたはいくつ心あたりがあったでしょうか。

リストのような生活を送るあなたは、朝からパワハラを受け（しながら）、文句も言わず思考に追いつこうと動き続けます。

その間も思考はどんどん計画を進めようとしています。

しかし、いくら思考ばかりが先走ったとしても行動が伴わないと物事は為されません。計画した考えについていくことに必死で、その場しのぎの状態になりがちです。

そうなると、
頑張っているのにケアレスミスが多くなり、
満足のいくクオリティが保てず、
仕事の成果もでないのです。

ではもっと効率よく身体を動かせば済む話でしょうか。

近年ではマルチタスクという概念がもてはやされているように思います。
しかし、それはパワハラ状態を起こすだけで、目の前のことが完了しないと次の行動に移れはしないのです。

頭が過去や未来を行ったり来たりすると、それだけエネルギーを浪費してしまいます。活力が漏れている状態ですよね。考えばかりが先走るのを改善すれば、気持ちも軽くなり、目の前のことにエネルギーを傾けられるため、とりくんでいる事の精度は上がるでしょう。

当然のことながら、結果もよく、物事はうまく運びます。

さらには、それに集中し、懸命に向き合えた自分自身への肯定感が湧いてくるため、自分に自信がついてくるのです。

ストレスではなく、またこの調子でやっていこう！　っという積極性が生まれ、プラスの循環と自然なスピードで事はどんどん為されていきます。

まさにこの状態が１００％の力を発揮できる状態なのです。

いま、この文言を聞いただけで、なんだかスッキリ感がありませんか？

身体が緩んでいると思います。感覚とはそれです。

改善のポイントは身体・思考・感情とのつきあい方にある

とはいえ、私たちはアスリートではありませんから、仕事中に頬をたたいたり、ジャンプをしたりするわけにはいかないでしょう。

また、自分を整えるための朝ヨガや瞑想がいいと聞いたとしても、瞑想は苦手だし、朝から時間もとれないよ、と思われた方もいるかもしれませんね。

ところが！

本書で伝えたいのは、**特別な時間をとることなく、とても気軽に実践できる、かつ本質的で面白いとりくみ**なのです。

改善のとりくみには3つのポイントがあります。

①身体、②思考、③感情、それぞれとのつきあい方です。

人は常にこの3つと共に毎日を生きています。考えたことにより、感情が呼び覚まされて、行動になります。

名店のスイーツ情報をキャッチした。（思考）
↓
美味しいだろうなぁとワクワクした。（感情）
↓
買いにでかけよう。（身体）
という流れの連携です。
万事こうして生きているのです。

ドライブにたとえるなら、運転手とエンジンがついた車体が揃って、はじめて前へ進めます。
思考は運転手、感情はエンジン、身体は車体です。
考えてばかりの状態は、運転手が東京から九州まで今日中に行こうぜ、と無理矢理エンジンをふかしているような感じです。車体はボロボロになっちゃいますよね。

気持ちのいい日々にするためには、これら3つとのつきあい方を見直すことが必要なのです。

ゆえに本書では、身体の五感、思考、感情と順を追ってお話ししていきます。

思考→運転手、感情→エンジン、身体→車体

第1章

感覚を磨く
レッスン1
五感を使う

感覚を使っていますか？

普段どの程度、身体の感覚を感じていると思いますか？
普通に生活しているのだから、そりゃ感じているよ、と言われるでしょう。ですが、考えてばかりいると、感覚を使っているつもりでいても、意外と頭で判断をしているものです。

朝起きたときに、体温は昨日と比べて高いか低いかなど、よっぽどの熱でもない限り気に留めませんよね。女性であれば、メイクをしながらお肌の調子をみているでしょうが、見た目を気にするほうが先で、水分量はどうかまでは気にしないでしょう。

感じるというのは……

朝起きたとき、身体を動かすと筋肉や関節の感じはどうか。

触れる空気は温かいのか冷たいのか。

メイクをするとき、肌の感触はモチモチと柔らかいのか、それとも少しカサつく硬めの手触りなのか、などといったことです。

無意識に思考による判断が本当の感覚よりも優先になってはいませんか？

または、そんなことよりもやらなきゃいけないタスクで頭がいっぱいかも？


ところが、感覚を大切にあつかっていくと、ときに頭の判断を超える結果をだすことがあります。

身体の五感は使えば使うほどに磨かれて、私たちを助けてくれるものなのです。

たとえば**触覚**。
モノづくりのプロである、熟練された職人さんは、ほんの2ミリ3ミリの違いを指先で感じとり、見事な製品を作り上げます。

以前、視覚障害者のスポーツ、ブラインドサッカーという競技についてのお話をうかがったことがあります。世界大会レベルのアスリートになると、100メートル先に人が立ったことを感知できると聞いて驚きました。肌や耳で空気や気配を感じとっているのですね。

匠やアスリートは、特別な才能やトレーニングを積んでいるから当然だろうとは思うものの、思い浮かべれば、普通に日常をおくる私たちにも似たようなことはあります！

お料理好きの主婦がほんの少しの味加減を自身の舌で見分けたり、出かける前に、なんとなく肌で感じる湿気から、雨が降りそうだなと感じたりしているのです。

オフィスワークにおいては、考えることがメインかもしれませんが、資料に素早く目を通し誤字脱字チェックをしたり、数字やデータを正確に打ち込んだり、または営業先との交渉を肌感覚で抜き刺ししたりと、何か**身体に染み込んだ経験値からの感覚**を使っていることは多々あるでしょう。

これらは、思考と身体感覚をミックスしてうまく使っているのです。

思考と感覚の足並みが揃っているとき、仕事も生活もスムーズです。

できるかな、いやできないかもしれない……と不安になるときは、たぶん頭の思考だけが先走っているはずですよ。

感覚を使っていないことに気づいてみてください。

五感は私たちを導いてくれる

触る、見る、聞く、匂う、味わう……。

皮膚で隔てられた私たちの身体は、これら五感を通して外の世界とつながっています。

五感は世界へ開いた窓なのです。

家のなかでも、ずっと窓を閉じていると息苦しく感じますよね。気持ちよく窓を開けて風や光を通したいものです。

思考だけが先走っているとき、窓は閉めっぱなしです。頭だけで考えて答えを出すのは、ＶＲの世界で生きているようなもの。

ＶＲとリアルの大きな違いは、身体で感じることができるかどうかです。

私たちは触ったり、見たり、匂ったりと、感覚で感じて外からの反応を受けとめ、今度はそれを元に、次の選択をして行動に移していきます。

昨今はネットで気軽に服を買う人も増えました。お手軽だし、行き来の時間を節約できます。

対して店舗でお買い物をする場合は実際に服に袖を通します。その着心地は肌を通して感じる服からの反応です。それを元に買うか買わないかを選択するのが五感を使うリアリティですね。どちらもお好みではありますが、後者は五感が導いてくれているといえるのです。

とくに嗅覚や味覚などは、顕著に「これは食べてはいけない物だ」と判断させます。腐っている、食べると毒になると判断して、命を守っているのです。

前置きはこれくらいにして、さっそく感じるレッスンを始めていきましょう。

考えずに感じるコツ

考えずに感じる、といっても、普段から考えてばかりいると脳にとっては習慣となり、どうしても頭のなかに浮かぶ考えの方が先走ってしまいます。

そこで、まずは感じるためのちょっとしたコツをお伝えします。

ここは、これからの各レッスンの実践すべてに共通した基本の姿勢と呼吸です。何度も戻って練習してみてくださいね。

【センタリングの姿勢……身体の中心に軸をもつ】

中心軸はあなたの存在そのもの、核です。

物事に対する良し悪しや、正誤などの観念も、喜怒哀楽という感情もない、シンプルに、ただ在る部分です。中心軸を想像して意識を合わせる（センタリングする）と、頭の考えはすっと去って静かになります。

1、ご自身の頭の中心部分を意識します。

中心部分とは、球体である頭の奥の中心点のことです。頭がまるごと一個の玉ねぎならば、皮をどんどん剥いていったとき、最後に残るであろう真ん中の点の部分を想像するといいでしょう。

2、丹田《たんでん》を意識します。

丹田はおへそから指4本ほど下がったおなかの奥にあるところです。

3、1と2をポン、ポンっとイメージし、それをさっと直線でつなげます。
身体が串ざしのお団子になったようなイメージですね。

それがあなたの身体の中心軸です。
想像をすることで、中心軸を感じとることができます。

【ハートの深呼吸……ハートとおなかで呼吸する】

さて、中心軸を感じとるセンタリングができたら、その姿勢のまま軽く、意識的にゆっくり呼吸をしてみましょう。

息は鼻から吸って口から吐きます。

息を吸うときに、外の空気がハート（心臓）のあたりからはいってきて、そのままおなか全体に広がるイメージをしてください。実際に胸とおなかを膨らませるようにしてみましょう。

難しい場合は、両手を胴体の肋骨のあたりにおいて、そこが横に広がるように息を吸ってみてください。

ハート（心臓）から入ってくる空気に、ピンクやグリーン、金色などのきれいな色をつけてみてもいいでしょう。きれいな色のふわっとした空気が入ってきて、おなかいっぱいに広がるように。

そして吐くと、それが頭頂から噴水のようにでて身体のまわりにまあるく広がり、それらに包まれていくようにイメージしてやってみてください。

吸う
丹田

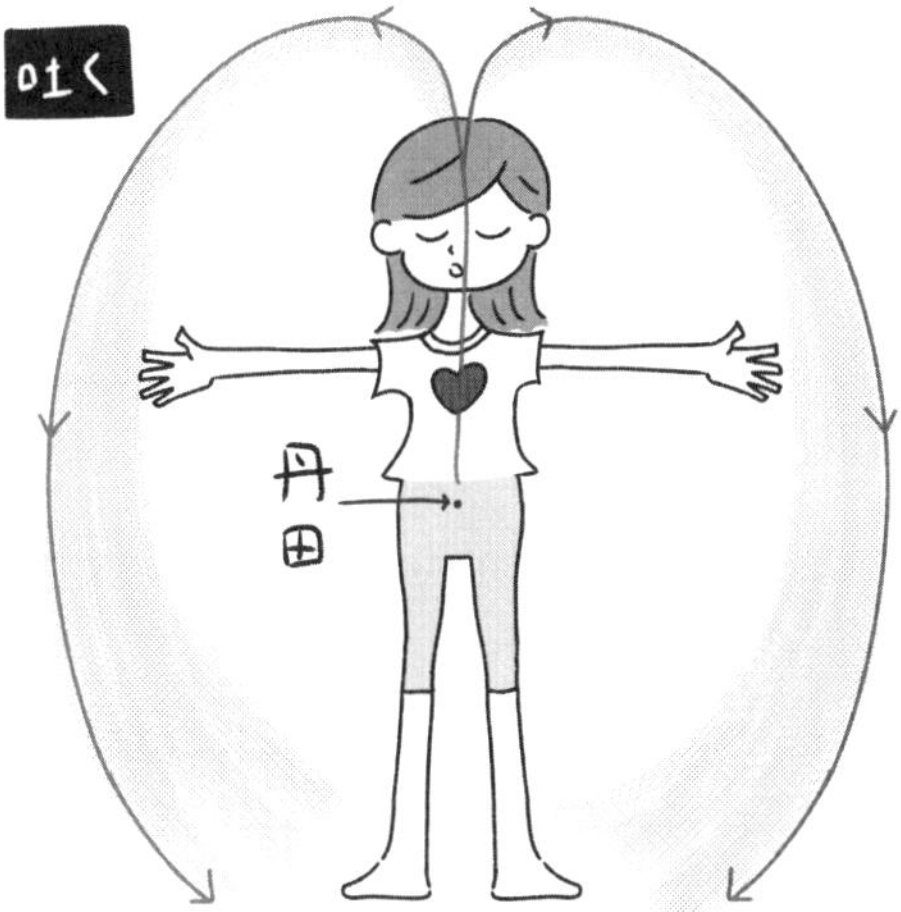
吐く
丹田

感じる実践をしていきましょう。

【身体を触ってみる】

センタリングの姿勢をします。

★両手を頭につけて、頭部を感じてみましょう。

手のひらで感じる、硬さ、柔さ、温かさ、などなど。すべて、言葉にしないで、ただ感じてみてください。

続けておでこ、後頭部、顔、目のまわり、鼻すじ、頬。それから、同じように、首、胸、おなか、と順に手のひらをあてていきましょう。

何か考えが浮かんできたときには、ハートの深呼吸(40ページ参照)をして、おなかに意識を向けるようにしましょう。静かに呼吸をくりかえしながら、また手のひらの感覚にもどって、感じてみてください。

【目の前にある物を触ってみる】

センタリングの姿勢をします。

★いま、目の前に何がありますか？

目に留まった物を触ってみましょう。

机についているのなら、ペンでも、コーヒーがはいったカップでも。

キッチンにいるなら、まな板やボールでも、野菜や果物でも。

身体を触ったときと同じように、手のひらの感覚で物を感じてみてください。

それは冷たいですか？　温かいですか？

ツルツルしていますか？　ガサガサしていますか？

硬さはどうですか？

しかし、これらも〝けっしてそう言葉にはしないで〟ただ感じてください。

ここでも、もしいろんな思考が浮かんできたら、ハートの深呼吸をして、おなかに意識を流し、また手のひらの〝感じ〟に戻ってください。

【周りをただ見る】

センタリングの姿勢をします。
★目の前の景色を見てみましょう。
家のなかであろうと、外にいようと、
まずは何かに焦点を合わせないで、景色全体を目に映してみましょう。
絵画を観賞するとき額縁ごと全体を眺めるように、見るのです。
★ゆっくりと首を右や左に向けてみて、景色が変わるままに目に映していきましょう。

まるで自分自身がカメラになったように、レンズ（目）に映るがままにしておきます。

★次は景色のなかから、何かひとつにフォーカスをさだめて、それを見てみましょう。

普段使い慣れたコーヒーカップ
無造作におかれた椅子やリモコン
または外の景色ならば、道端の草花でもいいですね。
それらを、**〝なんの言葉にもせずに〟**ただ目に映してください。

※注意事項：目に映しているとき、ぼーっとしないでください。
明確に「見る」という感覚を使っている意識でいてください。

【はいってくる音を聞く】

センタリングの姿勢をします。

★耳にはいってくる音を聞いてみましょう。

音楽を鳴らす、スマホやテレビラジオをつけて流れてくる音、
それら以外にも、私たちの耳は一瞬一瞬、この世界の音を拾っています。

どんな音が耳にはいってきていますか？
聞こえるがままに、聞いてみましょう。

エアコンから流れ出る空気の音
マウスをクリックする音
また外にいるなら、喧騒や、風で揺れる葉音、靴音
いまこの瞬間にはいってくる音を、判断することなく、ただ聞いてみましょう。

【匂いを嗅ぐ】

センタリングの姿勢をします。

★いまいる場所で匂いを感じてみましょう。

空気の匂いを感じられますか？

コーヒーやお茶が目の前にあるなら、あらためて香りを嗅いでみてください。

本を読んでいるなら、紙の匂いを、

食事をしているのなら食べる前に香りを楽しんでみましょう。

好き、嫌い、という判断を抜いて、ただ匂いを感じてみてください。

【食べ物を味わう】

最後は味覚です。

センタリングの姿勢をします。
★飲んだり食べたりするときに、じっくりと舌で味わいましょう。
これは普段からやっているという方がほとんどかもしれません。

しかし、ここでは〝判断をすることなく〟ただ、口のなかでの舌触り、歯触り、喉を通るときの喉越し、おなかに落ちていく感じ。

そういった身体の動きも含めて感じてみてください。

これは何の味？

というように言葉にすることなく、ただ味わうという感覚のままでいただいてみましょう。

少しでも気持ちのよい感覚へと向かっていい

身体の感覚は私たちを生かすためにある大切なものです。

味覚ひとつとっても、「美味しい」「いい匂い」という感覚は、食欲をそそり、身体に栄養をとらせるための働きをしていますよね。


人は幸せでないと思うとき生きるのが困難になります。

感覚は人を生かすためにあるのですから、困難にならないように幸せになるヒントをくれるはずです。幸せをわかりやすくいうと、いい気分、いい気持ち。

感覚は「気持ちがいいのか、悪いのか」を示してくれます。

「気」とは東洋医学でいうところの生命エネルギーを表した言葉です。「気持ちがいい」という言葉は生命エネルギーの持ちがよい、という意味になります。

頭はあれこれと常識や秤をもちだして、ダメだと否定するかもしれませんが、そんなことは気にしないで、今より少しでも気持ちのよい方を求めてかまわないのです。

そのためにも、まずはその感覚にもっと敏感になっていきましょう。

日常のなかで気軽に実践！ 感覚ワーク

五感は習慣的に動かす身体についていますから、普段から何の自覚もなく使っているものです。逆にいうと特別な時間をとることなく、ただ自覚するだけで、簡単に感覚の感度をあげていくことができます。

朝の時間―気持ちがいいものをまとう―

朝、顔を洗うときには……水の感じを手のひらで感じてみましょう。ゆっくりとすくった手のなかの水の感触、それが顔にあたる感触はどうでしょう。

メイクや身支度をするときも、「感触」を意識して行います。
肌の感触、髪の手触り、服の着心地など。
こっちの方が気持ちいい、と少しでも気分があがる方を選んでいきましょう。
外へ出たなら、まずは空気を肌で感じてみます。
日差しや風の強さ、柔らかさ、湿気はどうでしょう。
動かす身体の重さ軽さを感じてみましょう。1歩1歩大地に足の裏があたる

感じは？

周りの景色をただ眺めてみます。

電車に乗ったなら、窓の外の風景に目を向けてみましょう。スマホをしまって過ごすと、身体にはどんな感覚がありますか。

日中の仕事の時間―呼吸と手にゆだねる―

大半を頭の思考と共に過ごす時間かもしれません。ここで助けになるのは呼吸と手の感覚。

デスクについたら、センタリングとハートの深呼吸を思い出して一度やっておきましょう。

何のお仕事も脳の次にいちばん使っているのが「手」だと思います。

手の感覚を意識的に感じるよう心がけるといいですね。

キーボードを打つ、文字を書く、紙や道具をていねいに触るなど。

コーヒーブレイクの際にも、マグカップの温かさを感じている手に意識を向けてみてはどうでしょう。気持ちがホッとすることでしょう。

そのうち、メリハリがついてきて、「考えるべきとき」と「行動に移しているとき」が明確になってきます。

考えて手を動かす、考えて手を動かす、という自然なリズムがついて気持ちよく仕事ができます。

気持ちに焦りがでたら、ハートの深呼吸を何度でもやりましょう。

その際にそっと手をおへその下の丹田のあたりにおいてみてください。

これらはオフィスワークだけでなく、どんなお昼の過ごし方にも共通します。

夕方から夜の時間
―ていねいに感覚と向き合う―

帰り道は、同じ景色でも朝との空気の違いを肌で感じてみましょう。

空の色はどんなグラデーションを映しているでしょうか、ただ眺めてみます。

夕飯の支度をする際には、お昼と同じく、手の感覚を感じながら作りましょう。

水をあつかうときには、顔を洗うときと同じように水を感じてみます。

気持ちが急いたら、ハートの深呼吸で。

周りに家族がいて賑やかな場合も、瞬間でもその音を、声を、耳にはいってくるがままにただ聞く。彼らの身体に触れてもよし、その存在を体感で感じると、どんな気持ちの変化を感じられるでしょうか。


お風呂にはいったら、シャワーから出るお湯の細かな感じや強さを肌で感じてみましょう。

また湯船につかったら、肌にさわるお湯の柔らかさを感じてみます。

シャワーとの違いはどうですか。


ベッドにはいったら、寝具の感触、自分の呼吸、身体の筋肉は緩んでいるのか緊張しているのかなどを感じてみましょう。

※【頭がスッキリするぽんぽんワーク】

身体の感覚に意識を戻すワークです。

仕事に根を詰めすぎたとき、頭のなかが考えでグルグルしたときなどにやってみましょう。

センタリングの姿勢をします。

①両手をすこし丸めて4本の指先すべてで、頭頂（百会というツボがあるところ）をぐーっと一度押します。力を抜いてそのままこめかみまで指をすべらせます。これを2、3度くりかえします。

②指先で頭全体をランダムにぽんぽんっと軽くたたきます。（痛くない程度）

③そのままだんだんと手を下ろしていき、同じようにこめかみから頬のあたりまで軽くぽんぽんとします。

④最後に胸骨（鎖骨の下）のあたりをぽんぽんとたたき、ハートの深呼吸で終えます。

①

②

③

④

第2章

感覚を磨くレッスン2
思考とうまくつきあう

思考には2つの種類がある

私たちはいつでもどこでも何かしらの考えを頭に浮かべています。

何事も繰り返すと慣れてきますよね。繰り返した動きは発達し、簡単にできるようになります。

そうです、私たちは多くの情報に触れては、それに反応し、想像し、考えてばかりいるのに慣れてしまったのです。その結果、考えるという機能が必要以上に発達しすぎました。知らず知らずのうちに、筋トレならぬ思考トレをしていたようなものですね。

さて、ここで、ひとつ疑問が湧いたのではないでしょうか。

思考をトレーニングして何が悪いの？　現実的には思考する力がないと、仕事もできないし、新しい何かを創りだしていくことだってできないのでは？

と、思われるかもしれないですね。


ええ、もちろんです。

哲学者パスカルは、「人間は考える葦である」といいました。

考えることは人間に欠かせない、素晴らしい能力です。


しかし、私たちはいつも「考えよう」として、そうなっているのでしょうか。

「いま考えたくはないこと」もしくは「いま考えなくてもいいこと」を頭に浮かべているのではないですか？　それらが勝手に、習慣的にでてきてしまう、これはパスカルがいう「考える」と、少し意味が異なります。


思考は大きく2つに分けられます。

ひとつは、仕事で企画のアイデアを考える、夕食の献立を考える、といった、**その後の行動や成果につながる、意識的に考えだす思考。**

もうひとつは、「この仕事が終わらなかったらどうしよう、みんなに迷惑かけるだろうな、ならば終わらせないといけない、でもあれもやってこれもやっ

て……」と、**その後の行動にはつながらない、無意識にでてくる思考**です。

情報社会ではこの「今の行動につながらない無意識に起きる思考」が過多になっています。あなたにパワハラコントを演じさせるのもこちらの方です。

どちらも「思考」に変わりはなく、違いを見極めるのは難しいです。

そこで、まずは考えが浮かんだことに気づくこと。そして、これは今後の行動に結びつくのかな？　と判断します。

もし行動できない、ただの考えであればそれは、習慣的に強化されてしまった、いま要らない思考です。クセとして出ているようなものなのです。

第1章の身体の感覚をていねいに感じるレッスンをしていくと、だんだんにクセはとれてきますが、とはいえ、急にパタンと思考が消えるわけではありません。

そこで、感覚を感じるレッスンと並行して、でてくる思考への対処法も知っておきましょう。

思考とエゴ（自我）

ここでもうひとつ、知っておいてほしいことがあります。

あなたの心に潜み、思考をあやつる影の存在、エゴ（自我）についてです。

ほとんどの人は、五感を使っているときも、ほぼ同時進行で頭には絶え間なく考えが浮かんでいます。

前章で五感を使うレッスンをしたときにも、感じるそばから「これは○○かな？」とか「これは○○に違いない」といった具合に、何かしらの言葉や考えが勝手に頭に浮かんできませんでしたか？

これはエゴ（自我）のしわざです。

エゴ（自我）とは「他人ではなく、私だ」と自分を認識するための心の装置だと思ってください。

その装置が作動して「私は知ってるよ！　私はこう思ったよ！　私はね！　私はね!!」と、「私」の存在を一生懸命証明しようとした結果、思考がどんどん連なって増えていくのです。

なぜ人にはエゴ（自我）の装置が備わっているのかというと、私たちは他人と一緒に社会生活を送っているので、自分と他人とをしっかりと区別する必要があるからです。一人ひとりの存在を際立たせ、役割分担をして人間社会が作られているのですね。

そうしてエゴ（自我）は個性の表現にもつながっていきます。人がそれぞれの個性を発揮するからこそ、補い合ったり、競い合ったりして社会は発展していくのです。

このような側面で、エゴ（自我）はとても大事な装置ではありますね。

エゴ（自我）は思考を使って「私」を主張するわけですが、思考には2つの種類がありました。

意識的に考えだす思考と、無意識にでてくる思考です。

エゴ（自我）が、行動や成果につながる意識的に考えだす思考を使っていくとき、個性が発揮され、よりよい行動につながります。素晴らしいクリエイティビティや独創的な表現が生まれることでしょう！

しかし、無意識にでてくる思考についてはどうでしょう。それは出来事や情報に次々と反応し続けます。考えに終わりがないのです。エゴ（自我）にとってはなんでもかんでも「私はね！」と主張できる格好の機会です。まるでシャボン玉のように、とめどなく思考が生みだされていきます。

今はどうにもならないことだというのに！

人にエゴ（自我）がある限り、ある程度考えすぎの状態になるのは、仕方がないのだと思えてきますね。

エゴ（自我）とうまくつきあうための秘策

刺激となる情報はこれからも増えていくし、かといってエゴ（自我）は必要だし、ではいったいどうすれば考えすぎの状態から抜けられるの？

やはり感じることなのです。

試してみましょう。

手と手を合わせて思いきり擦り合わせてみてください。手のひらのなかがどんどん熱くなってくるのでその熱い感じ、汗ばむような感じ、その感触だけに意識を集中して、ただただ感じながら、もっともっとやってみましょう。

さて、手を止めてみて、思い返してみてください、熱さを感じているときに、何か考えていたことがありましたか？

または、おなかがペコペコに空いているとき、あなたの大好物（仮にチョコレートでも）を頬張り、なんとも言えない最高の美味しさが口いっぱいに広がった瞬間、同時に他のことを頭に浮かべられるでしょうか。

何かを考えながら、同じ瞬間に感じることはできません。「感じる」に完全に没入したとき、頭の考えは止まります。エゴ（自我）はスリープモードにはいるのです。

思考がうるさいと、身体のＳＯＳが聞こえなくなる

誰でも一度は何かについて悩み、ストレスを抱えてしまったことがあるでしょう。

悩みとは行動に落とせないものなので、自ら考えているようにみえて、実は何かに反応して無意識にでてきている思考です。自我（エゴ）は過剰に働いています。

その悩みの解決策をさらに考えるというのは、**思考で思考を消そうとしているのですね。**

もう考えてばかりです。

つまり、どんどん**「感じる」ことから遠ざかっている状態**なのです。

身体を感じていないわけですから、当然のことながら、身体の状態が普段の健やかさから、離れていっていることにも気がつきません。

身体の筋肉がいつもより硬くなっていたり、脈拍が速くなっていたり、食べ物の美味しさを感じられていなかったり。

ところが、頭の思考に夢中なあなたには、身体からのＳＯＳが聞こえないのだから、たいへんです。

何らかの悩みやストレスで体調を崩す、病気になるというのは、こういうからくりがあるのですね。

今は答えのでない悩みなら、「これは考えても仕方のない、何かに反応して無意識にでてくる思考なのだ」と気づき、身体を感じてみます。いつもとは違う感じがしたなら、深呼吸をしたり胸やおなかをさすったりして、少しでも気持ちのいい方へ身体を緩めてあげるのです。

そうすることで、案外悩みは知らぬ間に解決したりするものです。

人間も大自然から生まれた生命です。自然全体は、本来、調和しているものなので、私たちも社会や環境のなかを幸せに生きてゆくために創られているはずです。

ときに悩んだとしても、考えすぎず、できるだけ楽観的にうけとめ、あとは身体を感じてリラックス。そして、行動に移せることだけ積極的に動いていけば、どんなことも解決できます。

思考と身体の感覚とのバランスがとれればいいのですが、そのためには、無意識にでてくる思考のあつかい方を知っておくことが大事なのです。まずは思考がでてきたこと、それは2つのうちどちらの思考なのかに気づくこと。

さっそく実践してみましょう。

考えていることに気づく練習

・第1章にある【センタリングの姿勢……身体の中心に軸をもつ】を読み返してください。そして、身体のなかに中心軸を感じてください。
・中心軸に意識をおいたまま、まずは周りを目で見渡してみましょう。
　何が見えますか？
・しばらく見渡していると、何かの考えが頭のなかに浮かんできます。
それには気づかないかもしれません。そこで、「いま、何を思ってた？」と、自分に問いかけてみます。自分と会話をするように。

いま、この眺めている景色には何の関係もないことが、頭に浮かんでいたことに気づくでしょう。
考えようとしたわけではないのに、気がつけば勝手に考えが浮かんでいたなんて。

　はたしてこの考えはあなたのものなのでしょうか？　決して自らが積極的に生み出した考えではなさそうです。つまりこれは何かに反応して無意識にでてくる、いわばクセのような思考なのです。その思考をつかまえてさらにクセを煽っているのがエゴ（自我）です。


　この無意識にでてくる思考のクセ、詳しく言い換えると、流れのあるシステムとして動いています。

　人には、これまでの教育や体験により、頭のなかに「思い込み」という概念がストックされています。何かを見たり、聞いたりしたときに、それらと持っている「思い込み」を勝手に紐付けして、無意識に考えがでてくるのです。自動システムなのだと思ってみてください。

　自ら積極的に考えだしたわけでもないのに、外の刺激に勝手に記憶が反応して、泡のように思考が湧き出てくる、ソーダ水の泡のようにぶくぶくと頭に湧いていると思えばいいですね。

考えに気づく練習は、頭のなかに湧き出てくる泡を眺めるようなものです。泡のなかにいろんな言葉が、まるで漫画の吹き出しのように入っているとイメージしてみましょう。セリフ自体をいちいち拾わないでください。泡の思考がでてきているなぁと、ただ気づいてみてくださいね。

このように頭のなかの考えに気づくことを自己想起といいます。

何かについてただ考えている状態は、「何か」と「私」の2点の現れですが、「何か」について「考えている私」、そしてそのことに「気づいている私」となれば、3点が現れています。

また、何かについて考えている状態は、「吹き出しのセリフをはく私」、いわば漫画の主人公です。

「私」は何かについて考えたセリフを言っています。

でも、「何かについて私が考えている、そのことに気づいている私」は漫画のなかの主人公と別にそれを読んでいる者が登場するのです。主人公が考えて話していることをコミック本の外から観ている読者がいる、私は主人公であると同時にそれを観ている読者でもある、それが自己想起です。

あなたが「ああ忙しくてどうにかなりそうだわ」と思ったとします。

「あら『ああ忙しくてどうにかなりそうだわ』と私は思っているのね～」と、眺めるのです。客観的に自分を見ている目ではありますが、それについて変えようとしたり、意見をだしたりしません。読者は漫画のなかにはいっていって、主人公とやりあわないし、ストーリーを変えようとはしませんよね。

そう考えたことをただ観ているだけです。

すると、まずは考えの外に出ることができます！

考えに巻き込まれずに済むのです。

ネガティブな思考は「OK！ 了解です」……で済ませよう

考えていることに気づくのと合わせて、もうひとつ気をつけてほしいことがあります。

どんな思考が湧いてきたとしても、それを否定しない、ということです。

何かがうまくできない、人を悪く思う、常識に反したことを考えている、などのネガティブな考えが湧いたときに、「そんな考えはよくない」と自分で自分をジャッジしてしまうことはありませんか。

身近な誰かのことを

「あの人とは合わない、嫌いだわ」と思ったとしますね。

「そんなこと思っちゃいけない……同じチームの人のことを理由なく嫌いと思うなんて……人として私は最低だわ」

っと、思ったとします。

客観的にみてはいますが、これは自己想起ではありません。考えに考えを被せていますよね。漫画のなかにはいっていって、意見を言っているようなものです。


ネガティブな考えをもった自分をどこか責める、考えに対してさらに考えてしまう場合、これは行動や成果につながらない無意識にでてくる思考です。相手にする必要はありません。

「OK！　了解です」っと、いなしましょう。

「あの人のこと嫌いだわ」（という吹き出しのセリフがでてきた）
「『嫌いだわ』って思っているのね～　OK！　了解です」以上マルです。

ネガティブな考えは他にもありますよね。

「ああ、私ってダメな人間だわ」

「『ダメな人間だわ』って思っているのね～　OK！　了解です」

「あの人に嫌われたかも」

「『嫌われたかも』って思っているのね〜　ＯＫ！　了解です」

考えに気づく練習に、そう考えてはいけないというジャッジは必要ないのです。

何を思ったとしても、ただそう思っているなぁと気づいている状態でいれば完了です。

何かに反応して無意識にでてくる思考は相手にしないこと。

ネガティブな考えには、感情が絡みがちなので、最初は難しいかもしれませんが、練習だとわりきって、とにかく他人事のように「そう考えたな」とだけ思ってみてくださいね。

ただ思考に気づいていることで、感情面でも変化が現れるかもしれません。

（感情のあつかいについては次章で詳しくお話ししますね）

考えていることに気づく練習は、日に何度も行ってみてください。

考えに呑まれている、はいりこんでいる、かなりの時間考えのなかだけで生きているということが分かってくるはずです。

考えていることに気づく。

それがどんなネガティブな考えであっても、「ＯＫ！　了解です」と済ます。

そして身体の感覚を感じる、にもどります。


序章でのアスリートの話を思い出してください。

あれこれ浮かぶ考えを断ち切るために、彼らは頬をたたいていましたよね。

まずは、深呼吸（ハートの深呼吸がおすすめです）
両手をこすり合わせる
太ももを軽くぽんとたたく
足をトントンとして足裏の感覚を感じる

などなど、その場でできる範囲の何らかの動作で感覚へ戻りましょう。

深呼吸は場所を選ばずにできるので、ぜひ最初に。

コツは、考えていることに気づいたら、間髪いれずにすぐにやることです。思考を使いたいエゴ（自我）もスリープモードにはいるよう、暴走を止めて眠らせましょう。

1、思考にただ気づく（OK！　了解です）
2、感覚を感じる

この2ステップ、騙されたと思ってでも一定期間やってみてください。

思考が創ったストーリー

何かに反応してグルグルと無意識にでてくる思考から抜けるために、ちょっとした面白い練習を紹介します。

エゴ（自我）は「これが私よ！」と個の存在を証明しようとする心の装置だ

とお話ししました。

物事を見たり聞いたりしては、思考を使って「私」と「私ではない」の分別をし続けています。つまり思考はエゴ（自我）システムに取り入れられた部分なのです。

そこでは、ただ物事の名前や所有を認識するといった簡単なことに始まり、やがてそれらをつなげて「私のストーリー」が紡がれていきます。

まずは見聞きした人、物、事に、自分の頭のなかの概念を結びつけて、名前と所有を明らかにします。

あなたは○○さんね、私ではない人ね。

これは食べ物。私が持っているから私の物。あなたの物ではないよ。

この食べ物は身体によいと私は考えている。だからあなたにも食べてほしいのに、どうして食べてくれないの？

このようにエゴ（自我）は、思考を使って「私」と「私以外」を定義し、

「私の考え」を持ち、ストーリーを繰り広げていきます。さらにそこに感情が乗っていきます。

私は好きなのに、どうしてあなたは好きではないと言うの？　悲しいわ。


起きた出来事に意味づけしていくのです。

いつどこで誰が何をどのように、の後に
なぜ？

どうして？

何のために？

といった具合に理由をくっつけていくとストーリーになりますよね。

これが思考を使ったエゴ（自我）システムの流れです。いろんな場面で人生のストーリーができていきますね。ですが、人、物、事自体は、ただの事実。

何も意味などなく、それらが在る、起きた、というだけなのです。

私がいる

あなたがいる
食べ物がある
食べる
食べない

思考を抜くと、実体はそれだけです。


ここで気づいてほしいのは、実体にはもともと意味はない、ということです。

雨が降った、晴れた、それだけ。意味をつけるのはエゴ（自我）と思考です。

私が思考して意味づけしていたんだな、と気づくと、グルグル思考がでてきたときに、自己想起がしやすくなります。


では、ここで思考をつなげない練習をしてみましょう。

短い日記を書きます。

起きた出来事の事実だけを、**接続詞を使わずに**綴ってみるのです。

すべてぶつ切りの状態です。

（例）

・友人と会った。
・仕事の話をした。
・コーヒーを飲んだ。
・電車に乗った。

日記を書いてみましょう。

・
・
・
・

案外、だからどうした、なのにどうして、という言葉をぬいて、並べてみると、ただ羅列された写真があるように、頭のなかの思考が少し減っていることに気づきませんか？

ストーリーが膨らむに連れ、思考も増えていきます。

必要な考えもあるでしょうが、複雑にして思考まみれになるようなストーリーなら、一度、すべての意味づけを外してみるといいのです。

行動につながる思考はどれくらいあるでしょう。

このストーリーに悩むべきことなどあるのでしょうか。

第3章

感覚を磨くレッスン3
感情とうまくつきあう

思考と感情で創る物語

この章では身体、思考、それぞれに非常に関連深い感情とのつきあい方についてお話しします。

感情とは気持ち、心が揺れるさまです。

泣いたり笑ったりといったわかりやすい気持ちの表れだけでなく、普段何気なく過ごしているときの気分も感情のうち。表面上変わりないように見えても、内面の気分の上がり下がりは、誰にでも多少あります。いわゆる機嫌の良し悪しというものです。これも感情です。

私は数年前から「自分の機嫌は自分でとる」をモットーにして過ごすように心がけています。

よく、家族など身近でご機嫌ななめの人がいると、こちらまで嫌な気分になることがありますよね。

「この人、今日は機嫌が悪いみたい」と察すると、人によっては「どうしてだろう？　私何か悪いことしたかな」と、ネガティブな考えが出てきます。

そして不安になったり、なんだか腹が立ってきたりと、しまいには自分の機嫌も悪くなってしまいます。

でもここで「機嫌悪そうだけど、そのうち直るでしょう、私には関係ないわ」と意識的に考えをポジティブに切り替えて、あとは呑気にかまえていれば、こちらはご機嫌でいられます。

感情は、思考と共にでてきます。

感情のひとつである機嫌の良し悪しを決めるのは、出来事についてどう考えたのかによるのです。

おおっと、「でもそんなふうにすぐに思考を切り替えられないから困っているのよ～」というあなたの声が聞こえてきそうですね！　それもわかります。

まあ、聞いてください。

機嫌良くいられるよう自分で考えを切り替えられたらいいけれど、そうできない原因は普段の「考えすぎるクセ」からきています。

人は、「あんなことがあってね、私はこう思ったのよ」「誰々さんがどうした、だから私はこうしたの」などと、自分のストーリーを語ります。

ストーリーは過去へ未来へと行き来しているのがわかるでしょうか。

「いま」以外に行き来できるものはすべて思考です。

機嫌良くいるとは、何の心配もストレスもない、加えてポジティブで明るい気持ちがのっているような状態です。

心配やストレスがないのは「いま」にいるからでしたよね。

相手の機嫌が悪いように感じたとしても、そこにストーリーを創らないのがコツなのです。

第2章の思考とうまくつきあう方法を思い出してください。

思考には、その後の行動につながる意識的に考えだす思考と、物事にただ反応して無意識にでてくる思考がありました。

この場合は後者なので、

「私何か悪いことしたかしら」という思考がでてきた時点で、気づいて、身体の感覚に戻る→「いま」に戻ればいいのです。

「機嫌悪そうだけど、そのうち直るでしょう、私には関係ないわ」

これは反応して無意識にでてくる思考ではないです。

能動的にそう考えて、関係ないからと次のアクションが生み出されますからね。

ポジティブな考えは、ほぼ無意識にでてくる思考にありがちな堂々巡りをしません。考えない方向にいく、行動につながる言葉であることが多いです。

「そのうち機嫌もなおるでしょうよ」という言葉は、そこでいったん考えることをストップさせます。

私も「自分の機嫌は自分でとる」ができるようになったのは、**考えすぎを止める実践**を積んできてからのことです。

考えすぎの状態から抜けるためには、思考やエゴ（自我）とうまくつきあうレッスンをするだけでなく、そこにくっついてくる**感情との向き合い方**もとても大切です。

そこで、感情についてもう少し深くみていきましょう。

感情は海のような性質をもっている

人の気持ちの揺れは、たとえるなら海の波のようです。

普段はゆらゆらと凪の状態であり、強い風が吹けば荒立つこともある、まさに時々の出来事によって平常心から喜怒哀楽が表れるといったことと同じです。

世界中の海が、陸の下ではみんなつながっているように、人と人の気持ちも無意識下ではつながっています。

笑っている子どもを相手にすれば笑顔がこぼれ、泣いている人の傍ではもらい泣きしてしまうこともあります。遠いところにいる誰かのために祈りや願いを捧げたりするのも、気持ちはつながっていると、みんなどこかで知っているからなのでしょう。

また、気持ちの動きが波のようなら、気持ちそのものは海の水。

水は流動的で断ち切り難い性質です。つまりどんなところにも流れ込んで形を変えくっつくのです。

お風呂の湯船に浸かるとお湯はピタッと肌にくっついてくるでしょう？　また、水は重い氷にも、軽い水蒸気にも形を変えることができます。

それでいうと思考は水ではなく風のようなもの。乾いていて、スピードがあり、どんどん通り過ぎるようなイメージですね。

感情は思考と身体にくっついてくる

さて実際、感情は水のように思考にくっつき身体に流れ込んできます。

機嫌良くいるためには思考のストーリーから離れたらいいという例からもわかるように、頭で何かを考えたら、それに反応して気持ちが湧いてくるのです。

やらなきゃいけないのに未だやれてないと考えたら、↑（思考）
イライラする気持ちが湧く（くっついてくる）↑（感情）
楽しみにしている旅行のことを考えたら、↑（思考）
ワクワクする気持ちが湧く（くっついてくる）↑（感情）
なんだかつまんないなぁと考えたら、↑（思考）
どんよりした気持ちが湧く（くっついてくる）↑（感情）

こうしてみると単純なメカニズムですよね。

まずはそういうメカニズムなのだと、ただ知っておいてください。

次に身体に流れ込んでくるとはどういうことかというと…。
ご自身の感情が動いたときのことを想像してみてください。
ものすごく嬉しいことがあったとき、思わず飛び上がりそうになったりしませんか。
恋愛をして好きな人を前にすると、胸がドキドキしますよね。
緊張すると肩に力がはいったり、顔がこわばったりするなど。
これらは、みな気持ちに応じて身体が動いています。

感情は身体に流れて現れてくるのです。
日本語の感情表現には身体を使った言葉の言い回しがたくさんあります。

頭にきた！
はらわたが煮えくりかえる！
胸がはりさけそうだ
胸が躍る
目頭が熱くなる、などなど。

まとめると、人は①身体②思考③感情の連携プレイで日々を過ごしています。
何か事が起こると、それについて考えて意味づけをします。
思考の意味づけ次第で感情が生まれ、身体が何らかの振る舞いをするのです。

ご機嫌でいるためには、考えすぎている状態から抜けることですが、感情はそう柔ではありません。反応して無意識にでてきた思考に一度感情がくっついたら、こちらが思考に気づいて身体を感じようとしても、感情がどんどん思考を煽ります。もっとくっついて大きな波をたてたいからです。

大きな観点では、人には豊かな感情があるから学びや成長があり、また芸術が生まれ文化が育まれます。根本的には感情にいいも悪いもないです。が、今は考えすぎの状態から抜けて心を凪にするためのお話です。思考を煽ろうとする感情をどうにかする必要があるのです。

大きなポイントはやはり思考のレッスンと同じく**「気づく」「身体を感じる」**です。

では、感情との具体的な向き合い方にはいっていきましょう。
感情の動きは海の波。
サーフィンさながら波に乗っていく練習ですね。
どんなサーファーもまずはほんの小さな波からスタートするのでは？
私たちも毎日の自分の気分を整えるところから練習していきましょう。

朝起きたときの気分をとらえる

1日の始まり、朝を起点にして自分の気持ちを観察するところから始めます。
朝、起きるとあっという間に思考が動きはじめますよね。
そのとき何を考えたかによって、朝の気分が決まります。

私の場合、とても忙しく働いていたとき、朝は目が覚めるとすぐさま、焦った気分が湧いていました。目が覚めるや否や、ハッと瞬間的にやらなければいけないことが浮かんでくるのです。

気分は、いいはずがありません。

それでも、その状態なのだとまずは気づくことが大事なのです。放っておくとこのまま考えはあれこれと増え続けて、気分の悪さは持続します。考えすぎる前に、いまの自分の気分の波の状態を測りましょう。

目が覚めたら、起き上がる前に胸に手をあてて、聞いてみましょう。

「今日の気分はどんな感じ？」

気分は身体に表れるのでしたよね、

胸にあてていた手で肩やおなかなどをさすってみましょう。

焦る気持ち、イライラする気持ちがあるなら、身体のどこかが固くなっています。逆にゆったりとした気分のときは柔らかくゆるんでいるはずです。

どんな状態であっても、今朝はそうなのだなぁと気づいてあげるだけです。
気づいた感じにジャッジは不要です。そして、その感覚を覚えておきましょう。
深い深呼吸をしましょう。
「ＯＫ！　了解です」で完了です。

朝を起点に気分の変化を眺めていく

朝、気分の波の状態をとらえたなら、それが1日のなかで、どのように動いていくのかを観ていきます。

朝食の後
通勤電車のなか
仕事の最中
ひと息つけるときに、内側に意識を向けるのです。

いま、こう感じている、いま、こんな気持ちになった！　と自分でナレーションをするかのように観察していきましょう。

いろんな感情の波が起こっていることに気がつくことでしょう。

人と接しているときにも、表向きは冷静な対応をしていても、ポジティブ、ネガティブな感情が内側で波立っているかもしれません。イライラや怒りなどに気づいても、ただそう感じているんだなぁ、と受けとめるだけで大丈夫。

1日を通して、様々な気分の波が寄せては返しているのです。

ここまでをまとめます。

1、朝起きたときの気分をチェックする

2、活動を始めたら、ちょっとした合間に、「いまどんな気分？」と自分の心に聞いて、朝の気分、その前の気分との違いを確かめてみる

3、気分を感じたら、いまそうなんだな、とただ気づくだけで放っておく

4、深呼吸（ハートの深呼吸でも！）

気分はネガティブであろうとポジティブであろうと、常に変わり続けているのだと気づくと、だんだんと気が楽になります。

上がり下がりするものという前提ができるため、少しくらい凹むことがあっても、いずれまた変化するだろうと自然に受け入れられるようになるからです。

お天気は毎日変化するものという前提のうえで暮らしているので、今日雨が降っても、明日は晴れるだろうといい意味のあきらめと気楽さを持てますよね。それと同じですね。

何事も気楽に受けとめられると、起きる出来事も落ち着いて対処できますから、過ごしやすくなるといういい循環が生まれてきます。

気分に気づくレッスンは、一定期間続けてくださいね。

習慣になればなるほどいい変化になっていきますよ。

さて、次は感情の海が凪いでおらず、大波がやってきたら？

波乗りのコツをお伝えします。

わけもなくイライラするときは深呼吸

とくに理由はないけど、今日は事あるごとにイライラ……なんて日はありませんか？

朝が来て夜がくる、暑さ寒さと四季は巡るように、自然は常に変化するのがあたりまえですね。

人間だって自然の一部。お天気ひとつで体調や気分が左右されることもあるでしょう。

苛立ちは必ずしも出来事が理由だとは限りません。

逆に苛立ちが先にあるから、それが周りの人に伝わって、ギクシャクし始め、苛立つ出来事につながっていくようにも思えます。

イライラに降参すればいいのです。

1、「あ～イライラする！　しょうがない、どうしたってそうなんだから。
はい、降参します！」
2、深呼吸。
3、首をぐるりと回して、肩を一度ぎゅっとあげて、降ろす。伸びをしてもいいです。

さっと受け入れて、呼吸や身体の動きに意識を向ける。

1～3をイライラしたときのルーティンとして持っておくといいでしょう。

起きてきた感情を我慢してコントロールしようとしたり、思考で原因をいじくりまわしたりする必要はありません。

小さな怒りはエアシャウトで空へ吐き出す

イライラでは済まない明確な怒り！　人間関係ではそんな感情を抱くときもあります。

怒りは自然な感情。怒りが悪いものだというのは社会をスムーズに営むために創られたひとつの考えであり、単体で見れば人がただ自身の気持ちを表す積極的な感情表現です。

喜びも怒りも中身は同じ生命エネルギーですね。

感情は思考にくっついて身体に流れ込んでくるといいましたが、それはずっと流れ続けていて、決して身体のなかに留まるものではありません。身体に流れ込んできた感情に気づき、喜びや怒りという形で表現することで、溜め込まずに身体の外へ解放しているのです。感情という水が表現という情熱で炙られて水蒸気になって飛んでいくようなイメージです。

怒りは否定的なエネルギーだから、ともすればその表現方法が他人に向けての心ない言葉や態度になることもあります。だからこそ、そうならないように自分自身でうまく解放する方法を知っておくといいです。

誰もいないところで、顔を天に向けて思い切り声や息を出す。

大きな声が出せない場所では「バカヤロー」と息で叫んだっていいです。エアギターならぬエアシャウトですね。スッキリしますよ。

同時にシャドウボクシングのような動作をつけて身体をめいっぱい動かしてもいいですね。

くっついてきた怒りが表現に昇華されてあなたの身体から外れていきます。

また、手を使う方法もあります。

書くことです。手にまかせてでてくる文字をただ書き殴ってビリビリに破いて捨てるのです。

目的はシンプルです。

感情のエネルギーを身体の外に解放すること。

怒るにいたった動機や、相手がいるならその言動をあれこれ掘り下げないのがコツですね。

経緯はどうであれ、そこは放っておいて、まずは自分ひとりで解放しましょう。

あなたの思考のストーリーに怒りという感情がくっついてきているので、それをまた思考で解決しようとしても、怒りはさらに膨らむだけです。怒りの感情を表現しないままに、思考を上乗せしてごまかしても、エネルギーは身体に残り続けていつかまた、大波を起こしますよ。

いや、だけど怒りを表せば表すほど、さらに怒りがヒートアップしていくのでは？　と心配でしょうか？

大丈夫ですよ、人に向けてではなく、エアシャウトなど自分ひとりで意識的にやる身体の表現は増幅させません。

思考ではないからです。

運動するとスッキリするでしょう？　それと同じです。

ついでに私の個人的なおすすめをひとつ。エアシャウトをやるときには、芸人さんになったつもりでやるといいです。お笑い芸人さんはコントで声をはって怒りの感情を表現しますよね、あんな感じです。深刻さが消えます。

エネルギーが解放されれば、あのイザコザはコントみたいだったな、と思えるようになるものです。

悲しいときは身体と向き合って

どうしようもなく大泣きしたくなることはありませんか？

大人になると、悲しくてもここでは泣けない、泣くのはみっともない、などという、これまた社会的通念に縛られて、自然に泣いて悲しむのを我慢してしまうときもあるでしょう。

が、ここでも感情をただ感じる実践を試してほしいと思います。

まず、泣けるほど悲しいときには泣きましょう。

ただ、悲しみは怒り以上に、背景となる出来事、原因となるストーリーが強く働きがちです。

その物語のことを考えながら泣くと、いわゆる悲劇のヒロインになってしまって、この悲しい物語から抜けだすのが困難になります。悲劇のヒロインは思考に囚われてしまった状態、つまり**考えすぎの状態**です。

「いま」に戻る必要があります。その悲劇があるのは頭のなかの過去であり、いまある実体ではないのだから。

もう分かりますよね、

「いま」に戻るために大事なのが身体の感覚なのです。

悲しいときには身体に意識を向けます。息が浅くなって、胸や胃のあたりがきゅっと収縮しているでしょう。そこに手をあてて感じてください。

実際の身体に起こっている痛みを感じている状態です。

小さな子どもが転んで膝を擦りむいたら、わーんと泣きますよね。それはそれは痛くて泣いているのです。

同じように、胸の痛みを見つけて、その痛みを感じて泣いてください。

ほら、イッターイ！　なんてときは、ただ収まるまで痛みを感じる以外ないでしょう？　ふ〜っと息を何度も吐きながら、ジンジンくる痛みを感じて耐えると思います。それと全く同じように胸の痛み自体を感じるのです。涙は出てくるままに流しましょう。

ここで何度も浮かんでくる頭のなかの悲劇のストーリーについては、「考えたな」「また考えたな」とただ気づくだけでいいです。「考えたな、はいＯＫ！了解です」。頭のなかで映画が上映されているかのように眺めてしのぎます。身体の痛みに意識を集中していれば、できます。

そして、時々両手で自分自身を抱きしめてあげて、その手の温かさを感じましょう。やがて、涙も止まり、すっきりするでしょう。

苦しい、切ない感情がでてきたとき

人間関係にまつわる感情では、悲しさの他に、苦しさや切なさといった気持ちが起こることが多々あります。親子、恋人、夫婦など親密な関係性であるほど、自分が苦しいあまりに、原因探しや相手を責める気持ちなども絡んだりして複雑な思いになりますね。

原因について、考えたり、人と話し合ったりするのも、決して悪くはないし、コミュニケーションをうまくとるためのスキルを学び実践するのも大切です。が、ここではそれとは別に、「感情そのものをどうあつかうのか」に着目します。

苦しい、切ないという感情も、やり方としては悲しみの感情との向き合い方と同じです。

ただ、苦しい気持ち、切ない気持ちは、悲しみ以上に、面倒で複雑な思考

——自己否定や自己嫌悪、または罪悪感といった思いを伴うこともしばしば。

これらの思いは、必ずしも今起きている出来事が原因というわけではありません。

たいていは、遠い昔、幼かった頃の出来事で心に感じた感情を我慢した経験からきています。

たとえば、教育に厳しい母親の元で、正直な好き嫌いを言えずに我慢してがんばった、または両親が忙しい環境で、寂しい気持ちを抑えていた、など。

嫌だ、寂しいといった感情が解放できずに身体のどこかに留まっていて、外に出る機会を待っていたのです。何十年もたった今、たまたま起きた全く別の事により、再燃し、外に出ようとしているのがほとんど。

だから、ストーリーをいじらずに、ただエネルギーを解放してあげればいいです。ここでは私がずっと実践してきた心理ワークを紹介します。

苦しみ、切なさのエネルギーを解放するワーク

悲しみを感じたときと同じように、身体の苦しい部分に意識を向けます。
たいてい胸や喉のあたりが詰まるような感覚があります。

そこに両手をあてて、苦しさだけに集中します。
このときに出来事のストーリーのことは考えないでください。
ただ胸の苦しさに「苦しいなぁ、切ないなぁ」と意識を向けるのです。

ゆっくりとした呼吸を繰り返します。2、3分その状態に集中できたら、ぱっと手を胸から放し、両手のひらのなかをじっと目で見ます。（苦しみのエネルギーが手のなかにはいったと想像します）
そして、その両手を上（空）に向かって広げ、手のなかのものを空に撒いてしまいます。

最後に振り上げた両手をまた静かに、さきほど当てていた胸の部分に戻して、
軽く指先でトンと当てます。

これは感情エネルギーを解放するワークです。

抽象的な話になりますが、人の意識の本質は光です。

苦しい胸の部分に意識を集中させるとき、自分のなかに抑圧していた苦しみに光をあてています。

何かに注意を向けるのは、そこに光を当てること。

紙の上に虫眼鏡で太陽の光を集めると紙は燃えだします。小学校で実験した方もいるかもしれませんね。

同じように意識の光で苦しく重いエネルギーを燃焼させているわけです。

手を離して、一度手のなかをじっと見るのは、苦しさが自分から離れたと認識させる行為です。

人は自分で自分を見ることはできません（鏡のなかは実体ではありませんよ）。

ですから、見ることができたら、それはもう自分ではない！　ということになります。

手のなかに苦しさの塊がのっていると想像してじっと見るだけで、それはもうあなたの苦しさではなくなるのです。

そして、手のなかのそれを空に放ちます。

その後、もう一度、胸に手を戻すのは、よいエネルギーとなってリサイクルさせるため。すべてのエネルギーは巡り巡っていますからね。燃焼させて自分から切り離し、空に放ったエネルギーは、今度はあなたを苦しませるのではなく、活力となってもどってきた、ということなのです。

面白い心理ワークでしょう。

私はこれを習って何度も実践してきました。実証済みなので、ぜひ試してみてください。事あるごとに実践すると、だんだんに抑圧していたエネルギーは解放され、苦しみや罪悪感を引き起こすような出来事は減ってきます。平穏な日々が続くようになりますよ。

喜びの方へ舵をきるレッスンをしましょう

イライラ、怒り、悲しみ、苦しみ。ここまでネガティブな感情のあつかいについて述べてきました。これら感情の大波、小波をうまく乗りこなしながら、凪の状態を長くしていけるようになれば、ストレスは軽減します。

ところで、ネガティブな感情はネガティブな思考にくっついてきます。

そもそもの話、人はネガティブな考えに引っ張られるものなのです。

大昔の生活環境では、自然の脅威にさらされながら過ごすのが常です。生きていくためには、いち早く危険を察知しなければならなかったはずです。今、外に出てマンモスに襲われる心配はないですが、その頃のDNAは受け継がれています。「これは危険なのでは？」と、まず心配をすることが命を守るすべですよね。ネガティブに物事をとらえてしまうのは致し方ないのかもしれません。

しかし、人類はずいぶんと進化してきました。もっと毎日を安心と喜びで満たして生きてもいいでしょう。マンモスの代わりに情報の大群に追われ、仕事に追われ、いつも心配や不安な気持ちが先に立つ。でも命は取られませんし、それらに反応して無意識にでてくる思考のループを止めれば大丈夫です。ああ、そんなＤＮＡがあるからそう思うのね、もっと安心していいよね、と気づいて不安を手放していきましょう。

当然のことながら、悲しみ、苦しみといった気持ちとは逆に、喜びというポジティブな感情があります。喜びが〝溢れる〟、笑い〝飛ばす〟といった言葉があるように、ポジティブな感情はそもそも流れがよく身体に溜まらずに通り抜けてゆく軽いエネルギーです。

「いいこと考えた！」と、次々にいいことを考えたとしても、「でも、だって……」と堂々巡りの思考ではないはず。「いいこと考えた！」にくっついてくる喜びの感情はすごくサラサラのお水か、ふわっと軽い水蒸気。喜びの感情を利用して、考えすぎる状況を一変させていくレッスンも次に紹介しますね。

小さな喜び探しをする

この章の前半に、朝を起点に気分の変化を観察し、気分は変化するものだと俯瞰できるようになったら気が楽になるという話をしました。

気分は変わってあたりまえなんだな、と感じられたら、さあ、そこからもうひとつ進んだ感情とのつきあいかたをマスターしましょう。

それは、今の気分をほんの1ミリ、いい気分にアップさせる工夫をするのです。

視点を変えて喜び探しをします。

まずはミクロの視点で小さな喜び探しです。目の前にある小さな物を観察してみましょう。

「よくできてるなぁ」「誰が作ったんだろう」「人ってすごいなぁ」と。

あらためて、新鮮な気持ちで、ていねいに見ていきます。

小さな物をしげしげと見る行為は、無邪気な子どもの目線。やってみると、ミクロになるほどに思考が消えていくとわかります。

そして、そのよくできた小さなものは、私たちの心を和ませます。

赤ちゃんの小さな手、動物のつぶらな瞳、鮮やかな色に染まった花びらなど、あまりの可愛さに見入ってしまいます。こんなとき、悪い気分なんてはいる隙はないでしょう。

また逆にマクロの視点も気分をよくします。

高いところから見下ろす街の景色はジオラマのようです。こちらもおもちゃを見ているようで、やはり子どもの気持ちになっているような気もしますね。

子どもが観ている世界はすべてが美しくポジティブなのでしょう、忘れてしまっていましたね。

小5の男子になって思い込みに気づいてみる

子どもつながりでもうひとつ、今の気分をほんの１ミリいい気分にアップするヒントです。

国内外で活躍されている写真家の梅佳代さんの作品に『男子』（２００７年リトル・モア）という写真集があります。

小学生の男子ばかりを撮ったものですが、これが実に面白いです。

白目をむいたり、傘で遊んだり、アイーンとポーズしたり、楽しい男子はちっともまともな格好はしません。彼らは身体を使って自由な表現をしています。踊っても歌っても、物の使い方も、歩き方も、話し方も、そこに決まりがない、はちゃめちゃ感！

これができるのは頑固な思い込みがまだないから。

脳がやわらかくて、エネルギッシュなのですね。大人からすれば、アホだなぁと思うでしょうが、何しろ彼らは機嫌が良くなることを探しては毎日を楽しんでいます。

生きるってこれくらいアホらしくも楽しいことであっていいと思いませんか？


ときには子どもに戻って、目にはいるものを思いきり面白がってみましょう。

大人のお行儀や常識から少しだけ外へ出るのです。

右のものを左にしてみたらどうだろう？　こうしてみたら面白いかも？　と想像してみましょう。誰もみてないところで、くだらないことをやってみてもいいですよ。

なぜ？　とは考えないでください。

必ずしも物事に意味をつけなくてもいいということに気づいてみましょう。

くだらなくて、アホらしくて、でもちょっと面白いこと、探してみましょう。

ふっと１ミリ気持ちがアップするでしょう。

「私は」という言葉をつけて視点を変える

今の気分をほんの1ミリでもアップさせるためには、結局、ものの見方をかえて、緊張を解くことに尽きます。「わあ、小さくてかわいいなぁ」「あはは、おもしろーい」という感覚になるとき、誰でも緊張がほぐれて気持ちが緩んできます。

本当はどっちでもいいんだな、と思い込みが外れると気が楽になりますよね。思い込みや習慣になっている行動に対して、案外こうなんだな、まあ、これでもいいか、と別の見方を探してみるといいのですが、何せ習慣になっているので、そう簡単にはいきません。

そこで、言葉を使うアイデアをひとつ提案しますね。

あたりまえ、習慣的にやっていることに、あえて「私は」という主語をつけてみます。

「私は、こうしているなぁ」

「私はこう思っているんだなぁ」

「私は、いまこれをやろうとしているなぁ」


　こうすると、自分を客観視できます。

「私は」とつけると気づきの視点にかわり、必ずしもそうでなくてもいいかも、と気が緩むための他の視点がみえてくるのです。「がんばれ！　ワタシ」と自分を応援したことはありませんか。その感覚に似ています。「緩め！　ワタシ」というわけです。


　これは、ネガティブな考えがでてきたときにも使えます。

「どうして、こうなんだろう！」「あの人はどうしてこうなの！」と物事や他人に対してネガティブなことを思ったときでも、「私は、どうして？　と思っているなぁ」「私はあの人にこうしてほしいんだなぁ」と自分が〝感じていること〟に気づけます。

そしたら次に、私のその気持ちを１ミリアップさせるには？　と少し落ちついて気が緩むための視点をみつけることもできるでしょう。

感じるままに

様々な感情についてとりあげてきました。

まとめますね。

感情は波なので、起きるにまかせるのが基本です。

ただ重くネガティブな感情は、ご紹介したワークを使って、しのぎながらも、解放していきます。

平穏な心の状態がいちばんですが、人は勝手なもので、平穏を退屈だと思ってしまうのです。すると退屈さを紛らわす刺激を求めて、何か解決する問題はなかったっけ？　とネガティブな方向へ思考が動きだすのです。

危険はないか？　大丈夫か？　というＤＮＡのささやきですね。

反応して無意識にでてくる思考です。


そんなときは、深呼吸して、いま目の前のことに戻ります。

いまここには何がありますか？

いつでもあるものは自然ですよね。

空の青さ、風の気持ちよさ、道端の花の可愛らしさ、身近で小さな喜びの感覚をみつけて、気楽さの方へはいっていきましょう。


何かやりたくなったら、やっても無駄かな、などと考えずにやりましょう。

子どものように明るく快活な自分でいていいのです。

感じるままに波にのって楽しく過ごしていきましょう。

第4章

感覚を磨くレッスン4「いまここ」の感覚にはいる

時間はどこにある？

考えすぎの状態を抜けるレッスンとして、身体の感覚、思考や感情とのつきあい方について、順を追ってお話ししてきました。

五感のひとつひとつをただ感じる
浮かんできた思考をただ観察する
湧いてきた感情には抗わずに身体で感じて解放する

これらのレッスンすべてに共通するのが、
すべて、**いまここでやっている、時間を外している**ということです。
え？　どういうこと？　と思われたでしょう。

マインドフルネスという言葉を知っていますか？

いまやっていることに１００％集中している状態、他に気を散らしていない状態のことです。そのための方法として瞑想や座禅を実践します。

グーグル社が社員研修に瞑想をとりいれた話は有名ですね。忙しいビジネスパーソンの間でも興味を持つ人が増えています。


この本で紹介してきた一連のレッスンもそれらと同じように、やっていることに１００％集中している状態を創りだすためのワークばかりなのです。いまここでやっていて、あれこれと過去のことや未来のことを考えていません。

心を開いて次の質問に答えてみてください。

質問：時間はどこにあるのでしょう？

グリニッジ天文台に？　日本の標準時の場所と言われる兵庫県明石市に？

駅のホームにある時計のなかでしょうか？

いいえ、世界中のどこを探しても、時間そのものを見つけることはできません。時間は外ではなくあなたのなかにある秤であり、人間の思考のなかにあるイメージだからです。

人は時間を直線で並んでいるものとしてイメージしがちです。

過去↓現在↓未来

タイムマシーンが出てくる映画をみると、過去や未来は後ろや前にあるような気がしますよね。

私たちは過去のことを思い出しますが、それは実際に手にとれる実体ではありません。未来について考えますが、それもまだありません。過去も未来も、「いま」の頭のなかに現れてきたイメージです。

「いま」の上に、過去という思考、未来という思考が湧き上がっているのです。

過去 → 現在《いま》 → 未来
過去
未来
(いま)現在

こうして見ると不思議にみえてきませんか。

時間とは何なのでしょう。過去や未来がイメージなら、「現在」という時間はあるのでしょうか？

現在すなわち「いま」は、あきらかに〝時間〟ではなさそうです。

言葉を変えるなら「ずっと在る」です。

そして、ずっと在る「いま」に実体としてあるのが身体です。

私たちは、いま、ここで、時間を創りだしているようにみえませんか？

「時間がない！」は本当？

自然界は時間に動かされているのではありません。そして人間の身体もその自然の一部です。

人はひとりでは生きていけません。みんなで協力して生活を営んでいます。その社会の仕組みをスムーズに働かせるために、共通して認識できる秤、それが時間なのです。

世界中をみんな同じ計り方にするわけにはいきませんよね。地球は丸くて自転しているから、場所によって日照時間が違います。日本に陽があたっているとき、アメリカは日陰になるといったことが起きるのです。どの国も、主に太陽が上がっている日中に社会活動していますからね。太陽の光が当たりはじめて天空高く昇る頃までを午前と定義すれば、当然、地域ごとに時間の読み方が違う——時差がでてくるわけですね。

赤ちゃんや、物心がつく前の子どもは時間を知りません。眠くなるのも、おなかが空くのも自然の作用、春には桜が咲くのと変わらないことです。

大人になると、エゴ（自我）が強まってくるので、起きる時間、寝る時間、食べる時間を決めて動き、カレンダーをみて明日のことを考えるようになります。昔の思い出を思い浮かべたりもします。

しかし、さきほど話した通り、それを考えているのは「いま」です。
頭のなかに決まりがない赤ちゃんや子どもは、「いま」にしかいません。気持ちはいつでも「いま」に集中しているのです。

この本を手にとってくださったあなたは**何らかのストレスを解消したい、気持ちを整えたい**と望んでいますね。

私たちは、子どもから大人へと育つ過程で、家庭や地域環境の影響や教育をうけ、頭のなかにたくさんの「観念」を持っています。これはこうあるべきという前提、思い込みです。

いろんな経験で柔軟に変わっていくものかもしれませんが、頑固な思い込みはときに人を枠にはめてストレスをかけてしまいます。

「時間はこれだけしかない！」というのも思い込みだったとしたら？

起きている時間内に収まりきれないほどやるべきことがあるような気がする。

手早く効率よく終わらせなければならない。

次は？　次は？　といつも何かに追われている、気が急くような感じ。

すべて「時間がない」という思い込みからでてきているストレスですよね。

心を開いて、よくよく聞いてくださいね。

過去も未来も、いまここで考えているイメージです。

未来を想像して、いまここで何かの行動を起こすと、それは起こす端から次々と過去の記憶になっていきます。

私たちの想像と行動が、「いまここ」で時間を創りだしているのですよ！

逆なのです。時間という枠のなかで行動しているのではなく、私たちの**「いまここ」での行動量が時間を創りだしている**のです。

逆にいうと、「いまここ」にいないと時間は創れません。考えすぎて思考過多になると、「いまここ」にはいなくなるから、時間がない！　と焦ることになるのです。

大昔、時間という概念がなかった頃、陽が昇り、畑仕事や狩猟に向かった人に、やり残した仕事という考えはあったのでしょうか。

いまやっていることがすべて、いまやれた分で完了。
1日1日を完了させていく。

という感じなのではないかとも想像します。それはとても自然なことのように思えませんか？

では、現代を生きる私たちが、具体的に待ち合わせや仕事の締め切りなどがあるときには、どうすればいいのかお伝えしますね。

時間は人と人がタイミングを合わせるためにある便利ツールでしたね。

タイミングを合わせる、つまり**約束が完了することだけ**を意図してください。

それまでにどれくらい時間を持っているのか？　残り時間は？　と考えすぎず、いまここでやっていることに集中するのです。

約束の完了に、意図をしていれば、そこに不思議とタイミングは合ってきます。

なぜなら、**人の意識には、フォーカス（意図）したところにエネルギーが流れるという法則がある**からです。

真向かいからきた自転車や人とすれ違うとき、うまくかわせなかった経験はありませんか？

よけたいのに、よけられなくて、ぎこちなく右に左にと何度も動いてしまう。目的は道を通ることなので、ただ「道」に意識を向けていればいいのですが、自転車にぶつかるかもしれない、っと「自転車」にフォーカスしたため、目的に流れるべきエネルギーがよそへ逸れてしまったわけですね。

仮に人間関係をよくしたいと意図する場合には、他人の都合が関わってきます。そこで、あの人はちゃんとよくなる方へ動いてくれるかな？　などと気になるかもしれませんが、ここでも「相手」にフォーカスをしないでください。

あくまでも「関係をよくする」という結果を意図して、そのプロセスは考えないことです。そこを心配すると望む結果に向かうはずのエネルギーが逸れてしまいますよね。

意図したら、あとは目の前のことに１００％集中して行動すれば、当然、気持ちよくうまくできます。

ほら時間をどんどん創りだしていますよ。

そのエネルギーは、意図した時間に向かって流れるから、無事完了、というわけです。

基本はシンプル、決めたらそうなる！　そうならない場合は、いまここを留守にして、時間を創りだしていなかった、それだけです。

いまここはとても平穏な場所

「いまここ」にちゃんといることの大切さをうけとっていただけましたか？「いまここ」はずっと在ります。そこに共にいるのは身体です。だから、「いまここ」に集中するために身体の感覚を感じるレッスン、「いまここ」から連れだそうとする思考や感情とうまくつきあうレッスンをしましょう、というわけです。

身体の感覚をていねいに感じていくと、なんだかほっとします。手のひらを身体のどこかに当ててその温かさを感じるだけで、呼吸が速度をおとし、身体の筋肉も緩んできます。

昔から、怪我をしたら「手当てをする」といいますし、人は自然に、泣いている人の背中を手でさすったり、不安におびえる人をハグしたりします。やってもらった方はとっても安心しますよね。

怖い、悲しい、という感情は、過去の後悔や未来の不安という思考からきています。**人に触れられた感覚が、おびえる自分を「いまここ」に戻し、ほっとするのです。**

「いまここ」は安心で安全でとても平穏、私たちが生かされている場所なのです。

すぐに気が散ってしまうとき

私は日頃からすぐに気が散ってしまうというところを改善したいと思ってきました。

性格なのか、性質なのか、よく言えば好奇心が旺盛なのか？　とにかく、ひとつの物事への集中が続きません。

気が散ってしまうときは、必ず無意識にでてくる思考が優位になっています。

周りの何かに反応し、どんどん思考がでてきて、そこに感じていない身体がついていくという状態です。パソコンに向かって仕事をしているときも、ネットでも開こうものなら、そのなかのワードが目にはいり、それに関連することを急に思い出し、気がつくと身体まで席をたっていたりします。

そもそも思考して仕事をしているわけですから、枝葉が伸びるように関係のない思考が邪魔をしに来やすいのではと思います。

そこで！　身体を感じるレッスンの実践応用ですね。

頭脳仕事をしているときには、**合間に身体を使う、身体の感覚を感じる**といいでしょう。

手を上にあげて伸びをしたり、ストレッチをしたりするのなら、「のびのび〜ぃ」と身体が伸びている感じを思いきり感じて、いまここに戻るようにしましょう。よけいな思考は気まぐれな泡のようなもの、惑わされないように。

私がそのような実践をし始めてから、以前とはあきらかに変わったと思うのは、他に気がとられたとき、「どうやら、気が散りはじめたな……」と、自分の状態に気づけるようになったことです。

じたばたしたところで、気が散るものは気が散るのだと開き直るときもあれば、自分自身の行動をまるでロボットでもみるように観察して、何をやってるんだか！　っと、あきらめ半分にツッコミをいれたりもします。

そんな自分を否定はしません。面白いロボットだわ、と受け入れています。


そして、次に、まあ、おすわりなさい、とソファに腰掛け、手のひらを胸やおなかにあて、その感覚を感じながら深呼吸をします。


気が散るとは、読んで字のごとく、「気」がどこかに散っています。「気」とは生命エネルギーのことでしたね。生命エネルギーは身体にあるのが当然ですから、身体からエネルギーが散っていっているということになりますよね。

そこで身体を感じるという行為を強めて、散り散りになった「気」を身体に戻すこと、すなわち、それは身体がある「いまここ」にエネルギーを集めてくる行為なのです。

まずは思考に気がついて、身体を感じる、を練習していると自然に集中力はあがってきます。

いまここのメッセージ
まとめ

心穏やかに、
気持ちよく暮らすために

〜考えてばかりの状態から
抜けだす〜

序章
考えてばかりの状態が不安や焦りを引き起こす

頭（思考）のなかから身体のある「いま」に戻れば、不安や焦りは消える。
集中したいとき、頬をたたくのは、まさに意識を身体に向けようとする行為。

《なぜ不安や焦りが消えるのか？》
私たちはこの３つで動いている
思考…過去や未来を行ったり来たり
感情…思考によって呼び覚まされる
身体…「いま」にしかいられない
身体の感覚・思考・感情とうまくつきあえば、気持ちのいい日々が過ごせる

○近場の海まで行こう！
×今日中に博多から東京まで行こう！

運転手が無茶な運転をすると車体がボロボロに

第1章
五感は「気持ちがいい」方への道しるべ

五感は生きるために外の世界と自分をつなぐもの。

たとえば
味覚・嗅覚→おいしいと思うと食欲が増す。
（栄養を摂取できる）
→苦い・臭いと思うと食べない。
（腐っている、危ないと判断）

人生も、気持ちがよくないと生きづらい。
だから五感は気持ちがいい方を知っている。
頭で判断をせずに、ただ感覚にはいっていけばいい。

実践できる各種ワークは50ページ

第2章
思考とエゴ（自我）のしくみを知り、考えていることに気づく

情報社会は思考ばかり鍛える。思考の正体を知り、思考とうまくつきあう。

【思考には２種類ある】

例）ダイエット

○ 意識的に使う思考
→ 行動につながって成果を出す

毎日15分
運動をやろう！

× 無意識にでてくる思考
→ 行動につながらないから不要

私ってダメだわ、思うようにならないわ。
あの人に比べたら(エゴ)

【エゴ（自我）】
「私」と「私以外」に
分ける心のしくみ。
考えることを利用するのでどんどん思考を増やす

＜ポイント＞
いま浮かんだ思考はどっちの思考か判断する。
要らない思考の方には「そう考えたんだね、OK ！
了解です」で済ませる。そして身体を感じに戻ること。

第３章

感情は波。
解放＆循環させて乗りこなす

感情は、寄せては返す波のようなもの。常に動いていると理解すると楽になる。乗りこなすにはここでも気づくだけ。

感情の性質

・他人ともつながっている　例）人が泣いているともらい泣きする

・思考にくっついている　例）旅行のことを考えたら（思考）→ワクワクする（感情）

・身体に流れ込んでくる　例）好きな人を思うと（感情）→胸がドキドキする（身体）

感情に気づけば何を思考したかが分かる。

表現しないと身体に溜まるので、気づいて感じて解放してあげればいい。

＜ポイント＞

いまどんな気分？とそのときそのときの気分を感じてみる。

そういう気分なんだな、と気づくだけ。

ネガティブになりそうなら、思考から離れて、気持ちのいい方を知っている感覚に戻る。

それでもどうにもならない怒り、悲しみ、苦しさなどの大波がきたら、実践ワークで解放。（111ページへ）

第4章
時間は「いまここ」で創りだしている

時間はある、ないではなく、創りだすもの。「いまここ」がベースとなって未来・過去という時間は生みだされている。「いまここ」にいないと時間は創られない。

そもそも時間って何？
人と人とがタイミングを合わせるための便利ツール。
目的だけにフォーカスして完了でOK。

○思考過多の状態
過去や未来を行ったり来たり。
実体のある「いまここ」にいない。
いまここにいないのだから時間が創れない。焦る。

○身体の感覚を大事にしている状態
「いまここ」だけなので雑念なく
100%集中できている。
気持ちのいい方を選びながら
生活できる。
時間はやればやるだけ
創りだせる。

【センタリングの姿勢……身体の中心に軸をもつ】

中心軸を想像して意識を合わせる（センタリングする）。

1. 頭の中心部分を意識する。
   頭に、真上から下へ、左右のこめかみへと、縦横それぞれ線を突き刺したとすると、それらが交わる中心点のこと。
2. 丹田《たんでん》を意識する。
   丹田はおへそから指４本ほど下がったところのおなかの奥にある。
3. １と２を直線でつなげる。
   ちょうど、身体の真ん中に串をさしたようなイメージ。

【ハートの深呼吸……ハートとおなかで呼吸する】

センタリングの姿勢のまま軽く、意識的にゆっくり呼吸。

息は鼻から吸って口から吐く。

息を吸うときに、外の空気がハート（心臓）のあたりからはいってきて、そのままおなか全体に広がるイメージをしてください。

難しい場合は、両手を胴体の肋骨のあたりにおいて、そこが横に広がるようにイメージ。

そして吐くと、それが頭頂から噴水のようにでて身体のまわりにまあるく広がり、包まれていくようなイメージで。

第5章

感覚と共に生きてゆく

頭と身体をそろえて生きる

毎日を幸せな気持ちで過ごしたい、できるならなんでもうまくこなしたい、とは誰もが思うことでしょう。

今や、そのための情報がメディアには溢れかえっています。成功論、仕事術、スキルアップ法、思考法、そしてよい人間関係の作り方に至るまで。あなたも頑張りやさんであるなら、たくさん学び、取り入れてきたのではないでしょうか。私も同じです。ですが、私はあるときから、そんな自分にモヤモヤする違和感を覚えはじめました。

それはひと言でいうと、「きりがないよね」という感覚です。

もちろん、これら方法論は多くの人の知見や知恵が詰まっているから役に立ついいものです。きりがないのは、私の**求める気持ちの方**なのです。

本書で伝えているのは、何かをうまくいかせるための方法ではありません。身体の感覚を感じる、いま自分にどんな思考や感情が起こっているのかに気づく、という**在り方**のお話をしています。

物事をうまくいかせたいと考えすぎて苦しくなったとき、**方法論を求めるのは、考えを考えで補うようなもので、思考のオンパレード！**　頭でっかちになる一方です。人は身体と共に生きているのだから、アンバランスになるのは想像がつきますよね。

定期的にジムに行って身体も動かしているからバランスはとれているはず？

いいえ、運動すればいいということではありません。

文武両道といいますが、文は知能、武は精神、これは頭と心で道を歩くという意味です。ただ動かすだけではなく、頭を離れて身体の感覚にはいっていくことが、もっとも深く心とつながる行為なのです。

焦っているときに、深呼吸をして胸に手をあて、じっとその温かさを感じていると、落ち着きが戻ってきます。

「ああ、不安だったんだなぁ」

「ほんとうは、こう思っていたんだなぁ」

そんな心の声が聞こえてくるでしょう。

レッスンを思い出してください。

感情は身体に現れるのでしたね。

気づくだけで頭と心の足並みは揃います。

物事をうまくいかせるために大切なのは、頭と心で生きること。そのうえで方法やツールを求めれば、本当に必要なものだけがわかるようになります。

あるがままを受けとめるだけで楽になる

タスクに追われ、時間に追われ、しまいには何に追い立てられているのかわからない、そもそもここで何をやっているのだろう、とまでに思考にグルグル巻き。

私自身、そのような状態になったときに、答え探しは横において、感じることを優先にして救われました。

抱え込んだ仕事を全部こなせないよ、どうすればいいのだろう？　と考えがでたら、そう考えているんだな、と気づくだけ。

そのあとは極端に「どうすればいいかはわからないのだから、何も考えなくていい」と自分に言い聞かせました。

「先のことは、先の私がなんとかするだろう、そうなったらなったときに対処していこう」と、振りきって、身体の感覚を感じて、いまここに気持ちをおいて、できるだけリラックスを心がけました。

すると、そのうち気楽になって、ふと、あ、いまこれをやろう！　と理由のないアイデアのようなものが湧いてくるのです。

フットワークが軽くなる感じがするので、この軽い身体の感覚をたよりにいまできることに向けて淡々と行動します。

焦って悩んでいた気持ちは自然と解消されています。

答えがみつかったというより、**問題を問題にしなくなった**のです。

「いまは、いいか！」と思えたらこっちのもの。

不思議なことに、助っ人が現れたり、やらなくてよくなったりと、自然に整ってくることもあります。

誤解のないように補足しておきますね。

答えを出さないのは問題から逃げる、誤魔化すという話ではないです。

それどころか嫌な気持ちやどんな考えからも逃げずに、「いまはわからない」を受けとめて、**あるがままで「いまここ」に立つという覚悟**なのです。

感覚でつながる世界に身をまかせる

感覚を大事にして、あるがまま「いまここ」にいるのは、言い換えれば自然に身をまかせている状態です。流れにまかせ、なるようになるさ、と。
では、なぜそれでスムーズに事が運ぶのでしょうか？

川で泳ぐとき、水の流れや風向きに沿って泳ぐと、当たり前ですが、無駄なくスムーズに進みます。逆に流れに逆らったり、その場でジタバタしたりすると、体力を使うだけで一向に前に進むことができません。それどころか溺れてしまうかもしれません。

原理はそれと同じです。

私たちは山や海のように世界を構成するひとつの物質にすぎません。
季節ごとに花々が咲くように、流線形に群れて渡り鳥が飛ぶように、月の満ち欠けに合わせて潮の満ち引きがあるように、私たちも調和のとれた大自然の流れのなかにいるのです。そう自分をとらえ、そのつながりを感じてさえいれば、例外なく、スムーズに前へ進めるようになっています。

その世界とつながっているのが身体の感覚。

感覚はもともと最善を理解しています。

しかしここで問題があります。

川の流れに沿ってただ泳げばいいことはわかっているのに、それでも人は流れに逆らったり、ジタバタしたりします。

「うまくいかなかったらどうしよう」「他の人は私より早いかもしれない」。

これは誰のしわざでしょうか。もうおわかりですね。そうです、エゴ（自我）です。

「私！　私！」と主張したいエゴ（自我）は、流れなんておかまいなしに思考で誘ってきます。むしろそれ自体を断とうとミスリードをしかけてきます。

感覚は決して間違えない
シュタイナーの感覚論

１９００年代初頭にドイツで活躍したルドルフ・シュタイナーという哲学博士がいます。哲学や思想のみならず、教育や医療、建築などに至るまで、人間の生き方に幅広く影響をおよぼした偉人です。

シュタイナー氏の唱える感覚論では、人間の根本的な在り方が、いかに感覚に根ざしたものであるかが述べられています。私は関連書籍を読みあさるなか、ある時、心に響く一節に出会いました。

—私たちは感覚をとおして現実をとらえ、信頼をする。なぜなら感覚は決して間違えない、間違えるのは解釈をしている私たちの悟性（経験からくる知性）である— カール・ケーニヒ『十二感覚の環と七つの生命プロセス シュタイナーの感覚論にもとづく治療教育の現場から』（２０１８年 耕文舎 参考）

感覚は現実をしっかりとらえている、だからそれを信頼すればいいにもかかわらず、私たちのエゴ（自我）が、勝手にああだこうだと解釈をしてしまうのだ、と言っているのです。

とはいえ思考は次々に湧いて出てくるもの。

感覚よりも思考の声の方が大きくなるため、いつもバタバタと溺れかけた状態で息苦しい方が多いのでしょう。

感覚が持つ引き寄せのちから

感じることを大事にして、感じるままに素直に受け入れて物事に向かうと、引き寄せられたかのように、そのことに必要な人物や出来事が現れて、うまく進みます。まるで見えない何かに応援されているようなことが起こるのです。

そんな都合のいいことあるわけない？

会議室で散々頭をひねってもいいアイデアが浮かばないのに、「いまは思いつかない」という現実を受けとめて「ま、いっか、なるようになるさ」と帰宅する。帰宅後、お風呂に入っていたら急に「あ！」とひらめいた。なんてことが現実にありますよね？

想像以上に「感じる」ってすごいことなのです。

自分を大切にする気持ちは感覚で育まれる

自分を大事にしましょう、自分を愛しましょう、とはよく言われます。

それなのに、多くの人は、人に親切に、義理や人情を大事にという教育を受けて育ちました。

自分を大事にするとワガママになるのでは？　と難しく考えてしまいがちで

す。また人にどう思われるだろうかと、人目が気になったりもするでしょう。自分を大事にするために自分の気持ちや行動を人よりも優先する、と、すぐには考えられない場合、まずは感じることを実践していけばいいのです。

小さな物事からでかまわないので、身体の感覚をていねいに感じる、そして気持ちのいい感覚を選んでいく——

そこから始めていきましょう。

感覚に注意を向けて、それを細かく感じるようにすると、ゆっくりていねいな所作になります。

物をあつかうときも、字を書いたりキーボードを打ったりするときも、感覚を感じながらやると自然にていねいな動きになるのです。料理をするのも、味わって食べるのも、片付けやお掃除をするのもそう。

自分のためにある物事を大事にあつかっているのですから、自分を大事にしていることと同じなのです。

ゆっくりていねいにお茶をいれてみる、脱いだ服をきれいにたたむ、など、人にやってもらうと気持ちがいいであろうことをやるのです。自らが自分の、信頼できる執事か侍女になったようなつもりで、身の回りの世話をして、いつでも気分がよくなるようにやってあげましょう。

穏やかで優しい気持ちになり、どんな状態であっても「ま、いいか」と許せるような余裕がでてくるようになるでしょう。試してみるとわかりますよ。

自分を大事にできない、愛せないという気持ちは、このままではいけない、もっと急いで、もっと頑張って、などと自分に厳しくあたっているのですから、それを緩めてあげられるようになるのですね。

感じることはどこまでも奥深いのです。

くつろぎながら夢を叶える

感覚のレッスンを実践していたクライアントさんから、次のような質問を受けたことがあります。その方は普段から好奇心や知識欲が旺盛で、家事に仕事に趣味にといつも忙しく頑張っている方です。

「考えずに身体を感じて、いまここに気持ちを戻すことの大切さはわかります。でも元々何かを目指すのが好きで、目標をたてて頑張っている方が自分らしく、心が満たされるような気がするのですが……」

お気持ちはよく理解できます。

考えないでいること、「いまここ」にいることは、歩みをストップしているようなイメージがあるのでしょう。

思考を手放して「いまここ」に戻ることは、夢や目標をストップして捨てることではありません。

むしろ、それを引き寄せるための秘策だともいえます。

なりたい姿があるなら、すでにそうなったときの気分を想像して味わいなさいと、聞いたことはありませんか？　社長になりたかったら、なったつもりで社長室の椅子にすわってみる、など。

それはどんな気分でしょうか。

すでにそうなれているのなら、「なりたい！」という必死の緊張感はないはずです。むしろその逆、安心してリラックスした気分ですよね。社長が社長になりたいとは思わないでしょう？　すでになっていますからね。

なりたい姿を視覚的にイメージしても、「なりたい！」という必死さで気持ちが急くなら、逆効果です。これでは「社長になりたい社員」の気分を味わい続けていますよ。


「なる」と意図して、ひとまずそれは置いておく。

あとは「いまここ」で安心感を感じる方が早道なのです。気持ちのいい感覚にとどまり、目の前のことにていねいに向かうだけ。まさに社長になったつもりで椅子にすわり、社長の仕事をしているような状態を味わっていると思いませんか？

安心したまま、夢や目標を叶えるために必要な努力を真剣にただやればいいだけなのです。

「いまここ」でくつろぎながら、焦らず、騒がず、楽しんでやっていけば気がつくと目標達成した自分がいるでしょう。

叶えたい夢があるならすべて同じです。ポイントは「いまここ」で「安心感」を感じて味わうこと。社長になりたい、お金持ちになりたい、幸せな家庭を持ちたい、世界中を旅したい、でもなんでも、すでにそうなれたときの気分は安心していて、満ち足りていて、自由なものでしょう。

それを意図して、いまここの感覚にくつろいで、ただ必要な行動をしてみてください。

子どもの頃の遠足や山登りは友達とワイワイ騒いでゆく道中がすでに楽しいものでしたね。お昼には山の頂上に着くよ、と決めて歩き出しますが、おしゃべりしたり笑ったりしながら、足を動かしていれば到着していましたよね。同じことです。

第6章

考えるな、
感じて動け
～感覚はあなたを
幸せの流れに
乗せる

私たちは感覚という生き物

慢性的な忙しさから解放されて、穏やかな心を取り戻す。

本来の自分のままでやりたいことを気持ちよくこなし、さらに成果もついてくる毎日へとシフトする。

あなたはそのためにこの本を開いてくださったと思います。


私自身、それを目当てに実践してきましたし、今も同じスタンスで毎日を気づきの視点と共に感じることを大切にしながら過ごしています。

身体の感覚を大切にして「いまここ」に戻る、を実践しはじめてからは、ずいぶん経ちますが、明らかに以前の自分と違うのは、過去や未来への執着のようなものが薄くなり、よく言えば潔くなりました。

そうなると成果をだしたい！　という気持ちから深刻さが消えます。成果が出るに越したことはない、が、仮にでなかったとしても、それはＯＫなのだと、何かはわからないけれど、大きな流れのようなものを信頼できるようになりました。

人事を尽くして天命を待つことが気楽にできる、といったところでしょうか。

「いま」という瞬間は、ずっと変わらず「ここ」に在ります。

私もあなたも「いまここ」に生まれ落ちました。

音を聞き、色を見て、味わいながら生命を育み、世界と自分との境界線を肌で知ります。

そしていつのまにか希望の未来を描き、動いて毎日のストーリーを創り、それらを過去というカテゴリーに入れて、楽しく生きています。いつでもいまを生きています。

すべて感じることから始まっています。

まるで、感覚という名の生き物のようです。

本来の自分のままでやりたいことを気持ちよくこなす――この本来の自分とは**感じるあなた**なのです。

感じることは強さにつながる

前章で、感覚をていねいに感じて過ごせば自分を大事にする気持ちが育まれると書きました。またそれと同時に人と自分を比較する気持ちもどんどん減っていきます。自分はダメだと落ち込んだり、逆に人を下にみたりすることもなく、自分も人も同じように大切だと思え、比べて優劣をつけるなど意味がなく感じられるようになります。

感覚のレッスンを実践していくとわかりますが、いつも感覚という内側に意識が向くため、いちいち周りの人を気にしている暇もなくなります。スマホを見る時間も減ることでしょう。

人間としての身体のつくりは似ていても、あなたと全く同じ人物はいませんよね。

人が生きづらさを感じるとき、必ず心のなかに自分以外の人に対する「比較、競争、裁く気持ち」があります。

ただ、これらはすべて頭のなかで起きる思考です。感じるレッスンを実践していくと、だんだんと自分や人に対する思いが変化してとても気楽になってきます。

あなたという人は世界にひとり。

あなたの身体は世界に80億もの人がいるなかで唯一無二です。当然、感じる感覚もユニークであたりまえ。そこには嘘がないし、比べようがないのです。

今は多様性の時代といいます。いつだかの世間に決められた価値感のもと、必ずしも右へならえして競争を勝ちぬかなくても、自分を表現できる場も持てます。ＹｏｕＴｕｂｅなどで、個性や才能を発揮している人がそうですよね。まだ玉石混交かもしれませんが、みんなを喜ばせ、よい影響を与えている人も多くいます。そのような人は比較から抜けて、自分の感覚を頼りに行動していったのではないでしょうか。あるがままの個性を表現し生きることは強さです。その強い姿は、周りの人にも勇気を与えますよね。

自分が気持ちよくやれる、いい感じがする、という感覚にそって比較から抜けていきましょう。

そうすれば、自分への信頼感が増して強くなれます。

私は、人は本来強くできているのではないかと感じています。

内側の幸福感で外側の現実は満ちてくる

さて、ここまで感じるレッスンではいろんなキーワードがでてきました。

気づく、感じる
「いまここ」に戻る
気持ちのよい方を選ぶ
時間を創りだしている
自分を大事にする
自分を信頼する
強くなる

これらは心の状態を幸福感で満たす方へと導く道標のようなもの。
考えずに感じるレッスンを実践していくと、心の内側はとても穏やかな気持ちで満たされるようになります。

類は友を呼ぶというように、自分の心の内側が幸福感で満たされていくと、不思議と自分の周りは幸福な状況になってきます。自身の見方が変わるともいえますが、穏やかにご機嫌でいる人のところには、ご機嫌な人が寄ってくるものです。相乗効果でご機嫌の輪は広がっていきますよね。

毎日がうまくいかないと感じるとき、外側をどうにかしようとしてもそれは対処的なものでしかありません。ひとつ解決しても、別の問題が起きてきます。では自分の考え方や気持ちをどうにかすればいいのかというと、これも一見内側のようにみえて、コントロールしようとしていることには変わりはないのです。

考えずに感じることとは、根本的に何かをコントロールしようという企みがありません。

ゆっくりと呼吸をする
胸に手をあててその温かさを感じる

彩る景色を目に映す
肌で風をうける
好きな香りをかぐ
美味しい物を味わう

そういった「感じる」に心を向けてください。

感じることは頭の思考から離れ、あるがままのあなたに戻ること。困った出来事はみな、いまここで思考や感情が湧いてきて、ストーリーを創りだしていたんだなぁと気づくだけでいい。

心配も不安も「いまここ」にいることを忘れていたから起きていたのだと、感覚がおしえてくれるでしょう。

人はひとりでは生きられません。みんなで生きている有機体です。

自分以外の人や環境とつながるために持たされた感覚をおざなりにせず感じて日々を生きれば、思考でコントロールしなくても、全体と調和し、自然な流れにのっていけるのです。それは幸せの流れです。

「考えるな、感じて動け」

往年の映画の名セリフを少しもじったこの言葉、いつも心に留めておいてくださいね。

おわりに

思い出された祖母との暮らし

振り返れば、仕事と家事を両立しながら働いていた頃は、常にとっちらかった生活を送っていました。

家には中学生、高校生の動き盛り食べ盛りの子どもが２人。朝早くからのお弁当作りも欠かせなかった時期です。仕事では中身の精度もさながら常にスピードを求められていました。

お弁当どころか、残業のための夕飯まで、一気に作ってでかけるような忙しさ。「次は○○をしなければ」と常に考えてばかり。仕事でも家でもミスの女王でした。頭のなかは常に散乱状態。集中したいのに、いろんなことが気になって、結果、何事も雑になるのです。

果ては、自分責めと自己嫌悪。それをカバーしようとまた頭で考えては、焦燥感が走りバタバタと動きまわるといった悪循環の日々でした。

一方、ひとつひとつの感覚を感じる暮らしはていねいで穏やかです。

私は「いまここ」を意識するようになってから、よく祖母と暮らした子どもの頃を思い出すようになりました。

明治生まれの祖母は気さくで明るくて、面倒見がよく、いつもご近所さんと一緒に大きな声で笑っているような印象の人でした。

祖母を思うとき、私の心に鮮やかな色や音、匂いや温かさが広がります。

ていねいに作られたご飯はおいしくていつもカラフル。

白和えや混ぜご飯には、小さな人参やほうれん草の赤や緑が見えかくれ。

お弁当にきれいに並んだ玉子焼き、つやつやしていてまっ黄色。

夕方の家の外、魚を焼く七輪からゆらゆらと白い煙が立ちのぼる。

冬にはストーブの上でお鍋がシューシューと音をたて、掘りごたつのなかは広くて少しスースーするけどあったかい。

おやつに焼いてくれたきな粉餅のいい匂い。

祖母は毎日の暮らしのひとつひとつをていねいに楽しむ人でした。生まれ育った土地を一度も離れることなく、妻として母として、何より人として強く優しくあり続けました。関わる人たちには惜しみのない思いやりと親しみ、愛情を与え、高校野球に涙して、ご近所さんと笑い合う。そんな祖母はいつでも「いまここ」を生きていたのだろうと思います。

ごく普通の人であったはずなのに、お葬式には実に６００名もの方々が見送りに来られたという、不思議なすごい人でした。

何事もスピーディでせわしない現代の私の生活ですが、この祖母との暮らしを思い出すと、瞬時にほっとするような安心感に包まれるのです。

感覚は時を越えて、いまの私の身体にも感じられるものです。

あなたの幼い頃の思い出にも同じように感覚を連れてくる場面があるはずです。その頃の自分自身を思い出してみてください。どんなふうに過ごしていましたか。好きだったもの、楽しかったこと。きっとそのあなたが、本来のあなた自身なのではないでしょうか。

いまここで、あるがままに

人は本来の自分自身でいてこそ、個性も才能も発揮できるのではないでしょうか。

人は有機体だと前述しましたが、私は、みんなで大きなパズル絵を描いているのだろうと思っています。

一人ひとりは大きなパズル絵のワンピースです。

みんなユニークな形をしているから、最初は、自分は何か欠けているからダメだと思ったり、おとなりのピースとは違っているじゃないかと不安になったりして、欠けを埋めよう、みんなと同じになろうと頑張ってしまいます。

だけど、そのままでいないと、ピースは外れてパズル絵はバラバラになってしまいます。

感覚は決して間違えない、感覚は知っているのです。

あなたというピースの形がどんなに素晴らしいか、あなたはあなたでなければいけないということを知っているのです。

さて、そろそろレッスンも終わりに近づいてきました。

ご紹介した気づきのワーク、呼吸法は、あまり力まず、だけど忘れず、無理なく習慣になるよう実践を続けてみてくださいね。必ず、あるがままのあなたで、楽しく夢を叶えていけるようになると、私は確信しています。

たとえば、朝食の玉子がキレイに焼けたら、それだけで一日ちょっといい気分でいられるくらいに。

この本をきっかけにひとりでも多くの人が「いまここ」に気づき、いつもご機嫌でありますように！

安元敦子

引用参考文献一覧

津留晃一『幸せテクニック（津留晃一エッセイ&セッション集）』2003年 集合人編集局

梅佳代『男子』2007年 リトル・モア

カール・ケーニヒ『十二感覚の環と七つの生命プロセス シュタイナーの感覚論にもとづく治療教育の現場から』2018年 耕文舎

安元敦子（やすもと・あつこ）

エネルギーワーカー
IT、WEB関連企業の企画や販促の仕事に従事。業務も時間もハードな業界で常に不安感と焦燥感に追われる日々を過ごす。ストレス過多による不安神経症をきっかけに人の心のしくみに興味を惹かれ、心理学、占星術、神秘学、エネルギーヒーリングなどを20年以上にわたり研鑽。現在は心身共に健康をとり戻し、個人セッションや講座を通じて日々の幸せな在り方を伝えている。その他の著書に『人生はドラマ、そのまんなかに私。』（Clover出版）。

ブログ「考えないで感じれば心はふわふわ軽くなる〜ことの葉やのいまここブログ」にて気づきを発信中。
https://ameblo.jp/kotono888

※購読者特典
本書を手にとってくださった方限定で
「いまここ」のお話とワーク動画をプレゼント中！
以下の公式LINEにご登録後、**#book**というキーワードを入れてください。

↓公式LINEはこちらから

私《わたし》はいまから、玉子《たまご》を焼《や》きます

思考《しこう》を手放《てばな》し五感《ごかん》を開《ひら》くレッスン

2024年6月25日　初版第1刷

著者　安元《やすもと》敦子《あつこ》

発行人　松崎義行

発行　みらいパブリッシング

〒166-0003 東京都杉並区高円寺南4-26-12 福丸ビル6F
TEL 03-5913-8611　FAX 03-5913-8011
https://miraipub.jp　mail：info@miraipub.jp

企画協力　Jディスカヴァー

編集　とうのあつこ、神志那枝里

題字・イラスト　安元優子

ブックデザイン　則武 弥（paperback Inc.）

発売　星雲社（共同出版社・流通責任出版社）

〒112-0005 東京都文京区水道 1-3-30
TEL 03-3868-3275　FAX 03-3868-6588

印刷・製本　株式会社上野印刷所

ISBN978-4-434-34008-6 C0030